别输在人际交往上

交往上

一定要弄懂的人际交往经验

张 瑞◎编著

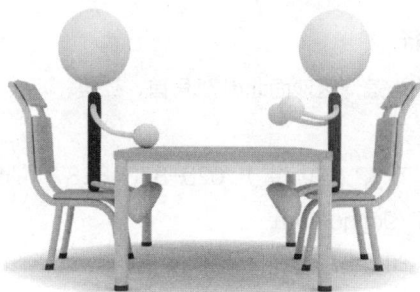

广东旅游出版社
GUANGDONG TRAVEL & TOURISM PRESS

图书在版编目（CIP）数据

别输在人际交往上 / 张瑞编著. 一广州：广东旅游出版社，2014.5
（2024.8重印）

ISBN 978-7-80766-802-2

Ⅰ.①别… Ⅱ.①张… Ⅲ.①人际关系－通俗读物Ⅳ.①
C912.11-49

中国版本图书馆CIP数据核字（2014）第054689号

别输在人际交往上

BIE SHU ZAI REN JI JIAO WANG SHANG

出 版 人　刘志松
责任编辑　陈晓芬
责任技编　冼志良
责任校对　李瑞苑

广东旅游出版社出版发行

地　　址　广东省广州市荔湾区沙面北街71号首、二层
邮　　编　510130
电　　话　020-87347732（总编室）　020-87348887（销售热线）
投稿邮箱　2026542779@qq.com
印　　刷　三河市腾飞印务有限公司
　　　　　　（地址：三河市黄土庄镇小石庄村）
开　　本　710毫米×1000毫米 1/16
印　　张　17
字　　数　260千
版　　次　2014年5月第1版
印　　次　2024年8月第2次印刷
定　　价　72.00元

本书若有倒装、缺页影响阅读，请与承印厂联系调换，联系电话 0316-3153358

序 言
PREFACE

现代社会，人们想要成功，不仅要靠自己的努力，还要靠别人的帮助，这就需要我们必须学会人际交往。只有通过人际交往，我们才有机会得到别人的帮助，从而才能施展自己的能力，实现自己的理想，达到成功的彼岸。可以说，学会人际交往，成功就会快一些。

身处社会，我们扮演着多重身份：儿子（女儿）、丈夫（妻子）、同事、上司、下属、客户，我们也时刻都在和不同身份的人交往。纵观我们周围的人，那些人际关系好的人，他们办起事来往往得心应手，顺风顺水；而那些不擅长人际交往，常常自我封闭的人，他们办起事来总是一脸茫然，自顾不暇。这是因为，人际关系好，帮助你的人就多，事情办得漂亮也理所应当；人际关系不好，自然就不会有人来帮助你，事情也就很难办成。所以说，我们每个人的人际关系都在一定程度上决定着我们的未来。

你要想改变现状，更进一步发展自己，就必须首先学会人际交往。因为，处在这样一个日新月异的时代，闭门造车几乎是不可能成功的。退一步说，即使你获得了足够的信息，可是没人帮你，你也只能枉自兴叹。归根结底，如果你想成功，你就必须寻求别人的帮助，想要寻求别人的帮助，你就必须学会人际交往，扩大自己的交际面，为自己寻找更多助力。

　　不会人际交往就没有人际关系，谈何成功！有句话说得好：是否能够成功，重要的不在于你懂得什么，而在于你认识谁。这句话把人际关系的重要性一语道破，但这句话并没有告诉你如何认识别人。本书就是从这个角度出发，告诉你该怎样和别人交往，带你拓展你的人际关系，进而一步步迈向成功，让你早日达至成功！

目录 CONTENTS

Part1 解密社交：那些你还不懂的社交秘密

　　有效的、丰富的人际关系是人生成功的制胜法宝。现代社会的飞速发展，带来了人际关系的重新排列和组合。一个人一生所面临的各种关系比以前更新鲜、更复杂，变化也更快。这就要求我们头脑更灵活，更快适应社会，花费更多的心思，动用更多的手段，去经营好周围的人际关系。处理得好，这些关系就是你一生最宝贵的资源，为你出人头地、走向事业的顶峰提供源源不断的助力；处理得不好，则会给你的人生带来很大的障碍，造成很大的损失。

Part2 社交账户：你认识谁决定你是谁

俗话说，你认识谁决定你是谁。要想拥有丰富的人缘资源，首先你得充实好你的人缘账户。这要求你得通过扩大交往范围、有效利用各种形式、通过多种途径去结交关系，让你的人缘资源不但有广度，而且还有深度，这样才有可能让你到需要关系时能够充分支取你的人缘账户，找到你生命中的贵人，谋求事业的成功和个人的幸福。

Part3 社交资源：成功离不开好人缘

独木难成林，一个人要想获得事业的成功与个人的幸福，离不开他人的支持与帮助，离不开对人缘资源的积累和经营。要想事事有人帮，处处有人扶，就必须经营和管理好爱人、同学、朋友、亲戚、老乡、上司、同事、下属、老师、近邻等宝贵资源，使他们成为你奋勇前进的可靠力量。

Part4 社交基础：逐步构建自己的社交网络

丰富的人缘资源不是唾手可得的，它需要你不断地进行构建。构建人缘基础时，你必须拥有尊重、宽容、幽默、关爱、助人、善心、仁义、谦虚、赞美、倾听、诚信等一系列的利器，并加以良好的运用，方可让自己左右逢源、顺风得水、游刃自如，不然的话，你就会处处受阻和受挫。

Part5 社交武器：有技巧才能有好人缘

俗话说：工欲善其事，必先利其器。要想拥有成大事的人缘资源，必须首先掌握好一些人缘技巧，使陌生人变成你的朋友，成功结交自己生命中的贵人。这就需要在与人交往时充分做好准备工作，做到了解对方，对症下药，在结交过程中充分进行沟通，逐渐拉近关系，让他人最终接纳自己。

Part6 社交法则：打好人际交往的九张牌

要想拥有好的人缘资源，必须打好人际交往的九张牌，即交、情、尊、帮、信、谦、和、愚、忍，做到多交朋友、以心换心、尊敬他人、帮人帮己、信义天下、谦虚去傲、和气生财、大智若愚、忍让生福，这样才有可能让你朋友满天下，关系遍八方。

Part7 社交策略：提升你的社交竞争力

一个社交竞争力强的人，所拥有的社交资源就比别人更深更广。在平时，这些社交资源可以让我们比别人更快速地获取有用的信息，进而转换成工作成功、发展生意的机会；而在危急或关键时刻，也往往可以发挥转危为安或临门一脚的作用。这要求我们通过掌握一些必要的方法来提升我们的竞争力。

Part8 社交智慧：谋求好人缘的处世之道

谋求人缘、积累关系并不是一件简单的事，它需要一些处世智慧。积累人缘的过程是琐碎的、缓慢的，你必须遵循一整套的策略和方法、技巧，循序渐进地一步步积累，你的关系网络才能逐步建立起来，你的成功之路才能一天比一天通畅。

Part9 社交尺度：拿捏人际关系的分寸

人际关系，看似简单实则微妙，这里存在着许多的规则和分寸。这些规则和分寸拿捏得好，就会做到四处逢源，游刃自如；拿捏得不好，就有可能让自己处世维艰，寸步难行。

俗话说：打蛇要打七寸。因此，要使自己达到如鱼得水的境界，就必须掌握以下的分寸和原则。

Part10 社交眼光：挖掘人际关系中的金矿

办事讲人缘，成功靠人缘。人人都有求人办事之时，人人都有危难困苦之际，这时有没有人帮助和提携你，就成为你能否成功和幸福的关键。每个人在平时都应该注意结交朋友，打造好的人际关系，因为也许你的人际关系网中的某个人便是成就你人生和事业的贵人。做个有心人，随时随地注意开发你的人缘金矿吧！

Part 1　解密社交：那些你还不懂的社交秘密

有效的、丰富的人际关系是人生成功的制胜法宝。现代社会的飞速发展，带来了人际关系的重新排列和组合。一个人一生所面临的各种关系比以前更新鲜、更复杂，变化也更快。这就要求我们头脑更灵活，更快适应社会，花费更多的心思，动用更多的手段，去经营好周围的人际关系。处理得好，这些关系就是你一生最宝贵的资源，为你出人头地、走向事业的顶峰提供源源不断的助力；处理得不好，则会给你的人生带来很大的障碍，造成很大的损失。

不懂人际交往事难成

人是社会性的动物，人的成功只能来自于其所处的人群及其所在的社会。只有在这个社会拥有丰富的人缘并善于利用这些人缘，人们才有可能为自己事业的成功开拓宽广的道路，达到成功的终点。

很多人只知道比尔·盖茨今天能成为世界首富，是因为他掌握了世界的大趋势，还有他在电脑上的智慧和执着。其实比尔·盖茨之所以成功，除了这些原因之外，还有一个最重要的关键就是：比尔·盖茨的人缘资源相当丰富。

比尔·盖茨创立微软公司的时候，只是无名小卒，但是在他20岁的时候，已经签到了一份大单。假如把营销比喻成钓鱼的话，是钓大鲸鱼，还是钓小鱼比较好呢？回答肯定是大鲸鱼。比尔·盖茨在最初创业的时候，就了解了这一点。他一开始就钓了一条大鲸鱼。让我们来看看比尔·盖茨的人缘轨迹。

1. 充分利用自己亲人的人缘资源。

比尔·盖茨20岁时签到了第一份合约，这份合约是跟当时全世界第一强电脑公司——IBM签的。当时，他还是位在大学读书的学生，没有太多的人缘资源，他怎能钓到这么大的"鲸鱼"？可能很多人不知道。原来，比尔·盖茨之所以可以签到这份合约，中间有一个中介人——比尔·盖茨的母亲。比尔·盖茨的母亲是IBM的董事会董事，妈妈介绍儿子认识董事长，这不是理所当然的事情吗？

2．大力利用合作伙伴的人缘资源。

大家知道比尔·盖茨最重要的合伙人——保罗·艾伦及史蒂芬。他们不仅为微软贡献他们的聪明才智，也贡献他们的人缘资源。

3．积极发展国外的朋友，让他们去调查国外的市场以及开拓国外市场。

比尔·盖茨有一个非常好的日本朋友叫彦西，他为比尔·盖茨讲解了很多日本市场的特点，为比尔·盖茨找到了第一个日本个人电脑项目，以此来开辟日本市场。

4．积极雇用非常聪明、能独立工作、有潜力的人来一起工作。

比尔·盖茨说："在我的事业中，我不得不说我最好的经营决策是必须挑选人才，拥有一个完全信任的人，一个可以委以重任的人，一个为你分担忧愁的人。"显然，比尔·盖茨的成功与他善于利用自己的人际关系是分不开的。

世界一流人脉资源专家哈维·麦凯从大学毕业那天就开始找工作。当时的大学毕业生很少，他自以为可以找到最好的工作，结果却徒劳无功。好在哈维·麦凯的父亲是位记者，认识一些政商两界的重要人物，其中有一位叫查理·沃德。查理·沃德是布朗比格罗公司的董事长，他的公司是全世界最大的月历卡片制造公司。四年前，沃德因税务问题而服刑，哈维·麦凯的父亲觉得沃德的逃税一案有些失实，于是赴监狱采访沃德，写了一些公正的报道。沃德非常喜欢那些文章，他几乎落泪地说，在许多不实的报道之后，哈维·麦凯终于写出了公正的报道。

出狱后，他问哈维·麦凯的父亲是否有儿子。

"有一个在上大学。"哈维·麦凯的父亲说。

"何时毕业？"沃德问。

"他刚毕业。"

"噢，那正好，如果他愿意，叫他来找我。"沃德说。第二天，哈维·麦凯打电话到沃德办公室，开始，秘书不让见，后来提到他父亲的名字三次，才得到跟沃德通话的机会。

沃德说："你明天上午10点钟直接到我办公室面谈吧！"第二天，哈维·麦凯如约而至。不想招聘会变成了聊天，沃德兴致勃勃地聊哈维·麦凯的父亲的那一段狱中采访，整个过程非常轻松愉快。聊了一会儿之后，他说："我想派你到我们的'金矿'工作，就在对街——'品园信封公司'。"

在街上闲晃了一个月的哈维·麦凯，现在站在铺着地毯、装饰气派的办公室内，不但顷刻间有了一份工作，而且还是到"金矿"工作。所谓"金矿"是指薪水和福利最好的单位，那不仅是一份工作，更是一份事业。42年后，哈维·麦凯还在这一行继续"淘金"，而且成为全美著名的信封公司——麦凯信封公司的老板。哈维·麦凯在品园信封公司工作时，熟悉了经营信封业的流程，懂得了操作模式，学会了推销的技巧，积累了大量的人缘资源。这些资源成了哈维·麦凯成就事业的关键。事后，哈维·麦凯说："感谢沃德，是他给我的工作，是他创造了我的事业。"当然，这也正是哈维·麦凯利用人缘推销自己所获得的好的结果。

没有人缘事难成。你如果想在社会上建功立业，想在事业上出人头地，你就必须学会积极积累自己的人缘并充分利用这些人缘资源。

好的社交圈比什么都重要

李伟进公司不过一年半就由一名小小的业务员做到了业务经理，这简直是有点不可思议。是因为李伟的业绩特别突出吗？不，比他业绩好的员工还有很多。其实老总看重李伟的原因挺复杂的，但主要的一点是：李伟人际关系好！人际关系好就是凝聚力，便于团队协作，这一点对于业务部门尤其重要。李伟为人谦逊，整天乐呵呵的，对人没架子，公司里每个人跟他关系都不错。自从李伟当上业务经理后，也没见他为了业务骂过员工，但业务部的业绩却是越来越好，业务部也变得特别团结。总结会上，老总当即决定给李伟加薪。

李伟凭借着自己的好人缘，从一名业务员一跃而成为了业务经理，可以说人际关系对他的影响是巨大的。生活中，一个人如果能处理好自己的人际关系、拥有好人际关系，那么他开创成功未来的几率就会大大增加，有时候好的人缘甚至比机遇和才能更容易让人走向成功。

戴维·丁·马赫尼的经历，更能为我们说明通过处理好人际关系获得好人缘的重要性。他虽然年轻，但他所做的每一件事皆是拥有好人缘而获得成功的。目前，他已经拥有一家属于自己的广告代理公司了。他与广告界有联系，是从服务于纽约著名的广告公司路斯莱思开始的。当他准备出来自己创业时才27岁，那时的他已是公司的副总经理，手里掌握着该公司最大的两家客户，同时，他的年薪是十万美元，由于公司具有十足的发展潜力，因此他的前途也很光明。

但是，他仍然希望能拥有一家自己的公司，他认为"打铁须趁热"，再不开始展开抱负，可能要坐失许多良机！于是，就在27岁那年，他辞去了令人羡慕的要职，投身于自己的事业。很多朋友都为他感到担心，因为这个时候广告业竞争激烈，除了实力雄厚的大公司外，各小广告公司都是摇摇欲坠，在这个时候办广告公司可实在不是个好时机。然而戴维没有退缩，他过去的一些交际关系派上用场了。

通常来说，广告业界比其他行业更重视个人交际，更重视人缘，甚至可以说广告业就是建立在人际关系上的，要靠交际才能得以维持。一家广告代理公司建立之初，最重要的课题就是如何才能获得顾客。此时，公司职员们过去的人际关系便能产生极大作用。

戴维曾经是许多公司的代理者，信誉卓著，各方面关系都不错。所以，他的公司一开业，便有厂商指名要他代理，这使他公司的业绩蒸蒸日上。

五年后，他的公司已雇有35名职员，全美各地都有他们的客户，其中足以维持公司业务的大客户共有15家之多。他本身所具备的专业知识及说服力皆是他成功的重要保障。

戴维就这样利用好人缘"赢取"了成功，但他是否从此就满足而不再前进了呢？当然不是。据说，他后来又创办了一家俱乐部，该俱乐部是同业友人聚会的场所。凡是会员，业务上有任何疑问或困难，都可以在他们俱乐部公开提出讨论或在会员间彼此交换意见。俱乐部的会员中，有一流的出版业者、广播业者、广告业者等等，几乎都是社会上的精英分子。

戴维自己在进行某一新企划之前，也会在俱乐部征求各方面专家的意见，他对于在那儿讨论出的结论极有信心与把握。在那里，他认识的人越来越多，人缘越来越好，事业也跟着水涨船高，越做越好了。

可以说戴维之所以能迅速成就自己的事业，很大程度上都得益于他的好人缘。也许他没有碰到好机遇，但他良好的人际关系弥补了这个缺欠。如果戴维不是与社会各方面人员都有良好的关系的话，那么他的广告公司就很难在激烈的竞争下生存发展。

这里还有一个反面的例子：刘昆毕业于某名牌大学计算机专业，在计算机方面极具才华。他对自己的能力也非常自信，常说自己是"本科的学历，硕士的水平"。华东某软件开发公司慧眼识珠，把他从众多的应聘者中挑选出来，在和他进行了一番深谈之后，公司老总更是对他大加赞赏，甚至直接把开发一款中型游戏软件的任务交给了他。刘昆是非常幸运的，他的大多数同学都还在当程序员或普通的系统工程师，他却可以担当大任，主持开发游戏软件，刘昆也决定抓住这次机遇，大干一场。一段时间后，老总从香港开完会回来，询问项目的进展情况，刘昆却满脸委屈地向老板抱怨起来："那些人到底是什么意思？他们都不配合我的工作！真人模特换了一个又一个，动作设计迟迟不出来，系统方面不合作，这工作怎么做得下去？"公司老总大为震惊，这是公司以前从未出现过的问题，他马上招来了除刘昆之外的开发组成员了解情况。第二天，他面色凝重地把刘昆约到自己的办公室，"年轻人，你的才华出众，真的很让我喜欢！可是你知道开发组的工作人员对你是怎么评价的吗？他们说你自私霸道、不通人情世故，每个人都不喜欢你！你该知道团队合作对一个公司的重要性，我不能为你一个人触犯众怒，所以非常遗憾，我必须把你撤换下来，调到别的位置，我希望你能认真地考虑一下和别人相处的问题，那很重要！"刘昆谢绝了公司老总的调职，离开了这家本来可以让他大展拳脚的公司。

刘昆本来拥有一个绝好的发展机遇，但却因为人缘不好而失去了它，这实在是非常可惜。其实生活中很多刚踏入社会的年轻人都存在这方面的问题，他们过分强调个人才能，强调发展机遇，但对人际关系却不够重视，结果他们往往在与成功只差一步的地方惨遭"滑铁卢"。

要想迅速成就一番大事业，你就必须努力拓展自己的人际关系，有了好人缘，你才能把握住机遇、发挥出你的才能。轻视人际关系的人就是在拒绝机会，没有好人缘的人就很难敲开成功的大门！

人缘好坏决定命运

"生时靠人带，死时靠人拜"，人缘对现代人而言，成了成功的关键。20世纪60年代末期美国一位心理学家曾经说过，世界上任何两个人，最多通过六个中间人即可相识。只要在关键时刻找到关键人，事情就成功了一半。

一个优秀的统帅，一定是一个会合理利用自己资源的人，他能够使上至将军、下到士兵的人员都达到人尽其才，这样一来军队人员才能达到最优化的调配，才能打胜仗。其实，日常生活中也是如此。

人缘不仅是你日常生活的润滑剂，也更是你事业成功的催化酶。成功在很大程度上取决于你拥有多大的影响力，与适当的人建立稳固关系对此至为关键。在打造关系网的过程中，已经认识的人很重要。所以说，你目前的联络网是铺造你未来关系网的原料。

　　人缘就是能力。经济的飞速发展，带来了人际关系的重新排列和组合。一个人一生所面临的各种关系比以前更新鲜、更复杂，变化也更快，这就要求我们头脑更灵活，更快适应社会，花费更多的心思，动用更多的手段，去经营好周围的人际关系。处理得好，这些关系就是你一生最宝贵的资源，为你出人头地，走向事业的顶峰提供源源不断的助力；处理不好，则会给你的人生带来很大的障碍，造成很大的损失。因此说"人缘决定命运"。

　　东晋时，司马睿移都建邺后，对于能否在江东站住脚，他并没有十足的把握。因为江东士族们对他表现得十分冷漠，在相当长的一段时间里，居然没有一位名流拜会他。

　　江东士族的态度使司马睿和王导焦虑不堪，如果得不到众多士族的支持，在江东站住脚将无从谈起。为此，王导和王敦决定选一个良辰吉日拥司马睿出巡，来观察江东士族的动态，再决定下一步如何行动。这一天，司马睿出游，北来名流摆出全部仪仗追随其后。在出游过程中，他故意从顾荣、纪瞻等人的宅第绕行，终于得到了他们的拜见。

　　王导代表司马睿拜访顾荣和贺循，向他们请求帮助，这是政治礼遇，也是一个信号，它表明司马睿有意重用江东士族。顾、贺二人欣然接受。司马睿终于同江东士族拉上了关系。在顾、贺二人的影响和推荐下，其他江东人士相继而至，司马睿分别给他们晋级封爵。其中顾荣是司马睿非常器重的人，事无大小，司马睿都找他来商议。对于江东士族来说，这确实是东吴灭亡以后少有的光辉时期。为了搞好与江东士族的关系，王导还学说吴语，并提出与吴郡陆氏联姻的要求。不久，散骑常侍朱嵩和尚书郎顾球逝世，鉴于吴郡朱氏和顾氏都是江东名门望族，司马睿为表达他的心意，勇于突破仪制，亲自为他们发丧。司马睿接二连三的举动，终于使江东士族大为感动，纷纷投靠他。司马睿终于被江东士族确认为他们利益的最高代表。

有了众人的支持，司马睿终于可以松一口气了，他的江东政权逐渐稳定下来。由此可见，众人的支持是一个人一生不可缺少的支柱。赢得人心，你才能拥有众人；依靠众人，你才能在社会中站稳脚跟。

善于交际才有好机遇

社交活动为人们提供了这样的可能：既让你结识他人，也让他人认识你，当彼此的品行、才干、信息得以相互了解的时候，活动就可能结出两个甜美的果实：获得彼此的友谊和获得发展的机遇。交际活动是机遇的催产术。着意开发人缘资源，捕捉机遇，成功的彼岸离我们就更近了!

京城"火花"首富吕春穆就是很好的例子。他原是北京一所小学的美术教师，一天他在杂志上看到有人利用收集到的火柴商标引发学生们的学习兴趣和创作灵感的报道，他决定收集火花。于是，他展开了广泛的交际活动。首先油印了两百多封情真意切的信发到各地火柴厂家，不久就收到六七十个火柴厂的回信，并收获了几百枚各式各样的精美的火花。

此后，他主动走出去以"花"为媒，以"花"会友。1980年，他结识了在新华社工作的一位"花友"，这位热心的花友一次就送给他二十多套火花，还给他提供信息，建议他向江苏常州一花友索购一本花友们自编的《火花爱好者通讯录》，由此他欣喜地结识了国内一百多位未曾谋面的花友。他与各地花友交换藏品，互通有无。他利用寒暑假，遍访各地藏花已久的花友，还通过各种途径与海外的集花爱好者建立起联系。就这样，在广泛的交往中他得到了无穷无尽的乐趣和享受，并为他成名创造了机会。

他先后在报刊上发表了几十篇有关火花知识的文章，还成为《北京晚报》"谐趣园"的撰稿人。他的火花藏品得到了国际火花收藏界的承认，并跻身于国际性的火花收藏组织行列。1991年，他的几百枚火花精品参加了在广州举办的"中华百绝博览会"，他以14年的收藏历史和20万枚的火花藏品，被誉为"火花大王"而名扬于京城，独领风骚。

很显然，吕春穆的成功得益于交际。他以"花"为媒，结识朋友，通过朋友再认识朋友，一直把关系建立到全球，从而，机会一次次降临，使他走向了成功。事实一再证明，人们的机遇的多少与其交际能力和交际活动范围的大小几乎是成正比的。因此，我们应把开展人缘活动与捕捉机遇联系起来，充分发挥自己的交际能力，不断扩大自己的社交网络，发现和抓住难得的发展机遇，进而拥抱成功。

人缘就是竞争力

张权是某中学教师，毕业于著名大学的他知识广博、教学认真，学生对他的评价都还不错。只不过他性格又硬又直，和同事的关系始终不太好。即使是十年的同事，彼此也是爱理不理、冷冷清清的。学校的教务主任调走了，校长要从教师中提拔一个人担任此职。论资历、看能力，张权都是第一人选，因此校长就悄悄找他谈了一次话。没想到这风声刚一放出去，一大群人就找上了校长，这个说不行，那个表示反对，而且都说得头头是道，理由一大堆，不能不叫人心中来回打鼓。说到最后，校长终于打消了让张权当教务主任的想法。而能力不如张权，但人缘却很好的王霖却在众人的举荐下被提升为教务主任。

张权因为人缘不好，虽然能力出众但却最终落选，而他的对手虽然能力不如他，但因为占了个"人和"的优势，反倒成功晋职。很多时候，人缘就是评判你是否有竞争力的标准，人缘越好，竞争力也就越强，对企业对个人都是如此。

想在现代社会里生存、发展就必须具有较强的竞争力。竞争力是一个综合性的指标，它不仅指才能、素质等方面的条件，还与人际关系有重要关联。有好的人缘，做事时就会得到众人的支持，在竞争中就会处于优势地位。而人缘差的话，在你困难的时候就得不到帮助，甚至还有人会跳出来踩你两脚，这样一来，在竞争中你就会居于劣势。

浙江的白先生经营着一家制鞋厂，他主要是做出口生意，很少内销。白先生常说，"眼睛只盯着钱的人做不成大买卖。买卖中也有人情在，抓住了这个人情，做买卖也就成功了一半。"白先生对此是深有体会的。1992年，白先生的皮鞋厂还是一个只有几十个工人的小厂，凭着质优价廉勉强在国际市场上混口饭吃。有一次一个法国客商订了50双皮鞋，白先生按对方的要求包装完毕后运到码头准备发货，就在这时，这个法国客商却突然打来电话，请求退货，原因是该客商对当地市场估计错误，这批货到法国后将很难销售。退货的要求是毫无道理的，白先生大可一口拒绝对方，反正合同都已经签了，但经过一天的考虑后，白先生却决定答应对方的退货请求。因为对方答应支付包装运输等一切费用，这批鞋由于是外贸产品，在国内市场上应该可以销售得出去，所以白先生等于毫无损失。而最大的好处是他这样做等于是救了法国客商，双方将建立良好的合作关系。事情果然如白先生所料，法国客商非常感激白先生的大度，表示以后在同类产品中将优先考虑白先生的产品，他还不断向自己的朋友夸奖白先生，为白先生介绍了很多生意。就这样，白先生以他富有人情味的生意经成功地在国际市场站稳了脚。两三年内，白先生的工厂不断扩建，有五百多名工人为他工作，他的生意越做越大了。

白先生是非常聪明的，他清楚地认识到人缘对做生意的重要性。如果当时他拒绝了法国客商的退货请求，那么虽然他做成了一单生意，但却可能会失去这个客户。而答应了退货要求呢，表面上看他是吃了点亏，但他却交到了一个朋友，孰多孰少，明眼人一看就知道。

在生活中，人缘也可以为一个人的成功加上筹码，让其在竞争中轻松得胜。

现代社会，人际关系给我们个人发展带来的影响越来越大，所以，我们除了要努力锻炼自己的才能外，还要注意搞好人际关系，让自己有个好人缘，这样才能适应日益激烈的竞争，并在竞争中取胜。

人缘是最大的无形资产

人缘资源是一种潜在的无形资产，是一种潜在的财富。表面上看来，它不是直接的财富，可没有它，就很难获得财富。难道不是吗？即使你拥有很扎实的专业知识，而且是个彬彬有礼的君子，还具有雄辩的口才，却不一定能够成功地促成一次商谈。但如果有一位关键人物协助你，为你开开金口，相信你的出击一定会完美无缺，百发百中！人缘资源越丰富，赚钱的门路也就更多。这已经是有目共睹的事实！当你想要开创自己的事业时，必须具备哪些条件呢？

首先便是资金。而资金在银行里。技术呢？这也不用担心，因为有人以贩卖技术为生，所以你当然也能够买得到。即使找不到，和其他公司进行技术合作也是可行的。所以，事业开展最重要的因素，而且经常是成功与否的关键，便是人。人、技术、资金这三大条件的核心就是"人"。如果你有足够丰富的人缘资源，那么资金和技术问题就能迎刃而解了。所以，"人"才是担负起你事业成功的关键。

即使现在你尚没有开创自己事业的念头，你只是一个业务员，你一定经常会有"如果我有足够多的关系，一定可以更加顺利地完成这件工作""如果和那位关键人物能够牵扯上任何关系，做起事来可以方便多了"的感触吧？因为，只要我们和那些关键人物有所联系，当有事情想要去拜托他或是与其商量讨论时，总是能够得到很好的回应。

这种与关键人物取得联系的有利条件，就是"人缘力量"。事实上，人缘资源越宽广，做起事来就越方便。每个业务人士都希望那些有影响力的大人物能够助己一臂之力，使他们在事业的发展上，能够少遇些障碍。可见，搭建丰富有效的人缘资源是我们到达成功彼岸的不二法门，是一笔看不见的无形资产！

所以，你在公司工作最大的收获不只是你赚了多少钱，积累了多少经验，更重要的是你认识了多少人，结识了多少朋友，积累了多少人缘资源。这种人缘资源不仅对你在公司工作时有用，即使你以后离开了这个公司，还会发生作用，成为你创业的重大资产。拥有它之后，你知道你在创业过程中一旦遇到什么困难，你该打电话给谁。

假设你是个业务员，那么，你的最大收获就不只是工资、提成以及职务的升迁，更重要的是你积累起来的人缘资源，这是你终身受用的无形资产和潜在财富！

有人缘才能出人头地

我们应该记住这一点：实力加上好人缘才能帮你走向成功。

大多数人相信："只要我尽本分把事情做好，达到该有的业绩，上司就会对我如何如何。"结果，事实并非如此。在某些主管眼中，他认为你的表现不过是平平而已，除非他认为你确实很重要，你的作为让他感到脸上有光，公司不可一日没有你，否则你很难得到事业成功。

在工作中，我们必须建立良好的人际关系，否则就很难打入公司的核心，出头的机会少之又少。你不必怀疑这种论调。研究组织管理的剑桥大学博士勒文森就说得很清楚："所有的组织必定有小派系。因为，组织是由互相扶持的个人或团体共同组成的，以完成工作。"你不妨探出头去，四处望望，想想周围那些已经坐到好位置的人，是不是都有好人缘。

你的人际网络应该是一种有组织的联络，彼此经常互换消息、建议和相互支持。

当然，光有好人缘也是不够的，你必须有真正的实力。因为工作中随时会出现各种变动，而面对变动，也就是考验实力的时候。如果你到目前为止所享有的一切全都是靠别人的赏识或关系而来的，那么变动来临时，你恐怕真的前途黯淡。

卡耐基曾经说过："一个人事业的成功，15%基于他的专业技能，85%则取决于他的人际关系。"任何时候你都要明白这样一个道理：成功的事业和好人缘是分不开的，能够积极拓展人际关系的人，才能获得成功。

好人缘能带来好收获

魏某在A市的商界也是个响当当的人物，他做起生意来六亲不认，辣手无情，他最常说的一句话就是"商场无父子"，因此几年下来，虽然他积聚了不少财富，但也得罪了很多人。魏某经营的是一家纺织厂，他所生产的纺织品大部分都是内销，因此他总是不择手段地排挤对手，抢占市场份额，有三家小纺织品厂就曾吃过他的亏。更恶劣的是，他还总喜欢当众嘲弄弱于他的竞争对手：什么"手下败将"，什么"不堪一击"……他的朋友曾劝他说："老魏，不要做得太过分。大家都是生意人，为什么一定要得罪人呢？"魏某却不愿听朋友的意见，"得罪人怎么了？我还怕他们不成！"一段时间后，魏某的仓库因为值班人员乱扔烟头着了火，十万余件毛衣、毛裤付之一炬。大小客户纷纷上门催讨货物，魏某想从其他纺织厂借一批应急，可由于平时关系弄得太僵，根本没有人肯借他；加紧生产一批吧，又没有原料。原料供应商和他没有交情，不肯赊货给他。无奈之下，魏某只好变卖房产赔付高额的违约金，工人也一个个地辞职，最后除了几间破烂的厂房，魏某一无所有。

魏某平时人缘太差，因而遇到困难时"叫天天不应，叫地地不灵"，没有人愿意帮他，最后落得个破产的下场。人缘对于推动我们事业的发展是非常重要的，我们无论做什么事都要注意培养人缘，即便是在竞争激烈的生意场上也要如此。

何谓人缘？个人和众人的关系好，招人家喜欢，办事便一路绿灯，平常人们所说的"结人缘"意思便是这样。一个人应有自己的个性，但为了事业成功，为了大家能接受自己，也必须适当培养人缘。而人缘作为一种人与人感情联系的结果，是人们平时努力争取得来的。

著名青年企业家王英俊就是利用人缘获得成功的一个好例子。王英俊有很多外国朋友，这其中，既有外国的企业家，也有外国的一些著名人物，如美国著名银行家坦姆斯·斯通和日本企业家竹下登。

英俊高科贸有限公司刚刚成立，王英俊马上就想到，应利用坦姆斯·斯通的国际影响，推动公司走向世界。于是，他便向斯通发出了邀请。斯通欣然应邀，当他听到王英俊"凡有利于中美友好的，我都做；凡不利于中美友好的，我都不做"的许诺时，斯通也允诺："那么，今后你要我办事，我不要你的钱。"以后，斯通多次访问英俊高科贸有限公司，为英俊高科贸有限公司快速地与世界各国建立广泛的联系起到了很重要的作用。

王英俊非常重视人缘的建立和维护。他常常做出一些超越公务关系，表示私人友情的举动。有个日本客户一次对王英俊说，最近一个时期实在太紧张，突然脱发。王英俊记在心上，回国后，马上买了30瓶疗效较好的毛发再生精送给他。此外，王英俊还送给客户一件中国瓷雕，在一只瓷盒上印了那位日本企业家的照片。王英俊说："这些礼品并不贵重，它只表示情意。"王英俊称之为"动脑筋的礼品"。

王英俊不但重视与著名人物的交往，对普通客人同样是有情有义。

一次，王英俊接待了一位德国客户。下飞机时恰逢大雨，那位客人浑身湿透了。王英俊一见立刻让人把那位德国客户的衣服弄干，烫平，十分钟内送还。那位德国客户为此深受感动，不仅谈成了生意，而且还成了王英俊的好朋友。

王英俊曾经说过："买卖不成人情在。这是中国老工商业家的法宝之一。生意人要讲究商业渠道，但同时必须讲究人情渠道，有时人情渠道比商业渠道更重要。板起面孔，硬碰硬，一定做不好生意。我是商场中人，不是官场中人。俗话说商场如战场，但商场毕竟不是战场，商场要用心、用情。"

在许多人眼中，商场就是战场，充满了尔虞我诈、你死我活的斗争，根本没有什么人情好讲。其实不然，要想不在商场的激烈竞争中垮掉，你就必须像王英俊一样懂得培养人缘，善于用情，与众人保持良好的人际关系。

好人缘，说到底就是一个人与众人保持的一种互信互利的良好人际关系。有个好人缘，办事就会同心同德，遇到困难，众人就会尽力帮助。总之，无论商场还是职场，好人缘都会给你带来意想不到的收获。

好人缘保证创业成功

创业成功的重要因素之一，就是必须广交善缘。任何一个成功的人，毫无例外地都不是仅仅靠个人的力量而取得的，而往往是得力于朋友的帮助，得益于良好的人际关系。人缘好，就可时时左右逢源，处处如鱼得水，自然也就事事顺心如意，财源广进了。

"朋友千人还太少，敌人一个也嫌多。"商人间向来以"买卖不成人义在"为最高原则，这也是东方人文思想在商业领域的一种表现。

香港巨商曾宪梓在发迹前，曾有一次背着领带到一家外国商人的服装店推销。服装店老板打量了一下他的寒酸相，就毫不客气地让曾宪梓马上离开店铺。曾宪梓碰了一鼻子灰，只好怏怏不快地离开。

曾宪梓回家后，认真反思了一夜。第二天早上，他身着笔挺的衣服，又到了那家服装店，恭恭敬敬地对老板说："昨天冒犯了您，很对不起，今天能不能赏光吃早茶？"服装店老板看了看这位衣着讲究、说话礼貌的年轻人，顿生好感，欣然答应。老板问曾宪梓："领带呢？"曾宪梓真诚地回答："今天是专门来登门道歉的，不谈生意。"那位老板终于被他的真诚和谦恭感动了，敌对情绪顿时烟消云散，敬佩之心油然而生。老板诚恳地说："明天你把领带拿来，我给你销。"从此以后，这家服装店老板和曾宪梓居然成了好朋友。两人真诚合作，促进了金利来事业的发展。

作为创业者，由于根基尚浅、实力欠厚，最忌讳结冤家。俗话说：冤家宜解不宜结。在没有原则性分歧、不会给你带来重大经济损失的前提下，不妨处处与人为善，以和为贵。否则，如果意气用事、斤斤计较，就会在有意无意中得罪朋友、暗结冤家，为事业的发展带来不利影响。

一位日本企业家曾经深有体会地说："我之所以能有今天的成就，单靠自己的力量是远远不够的，而是得力于我广泛的人际关系。我的朋友三教九流都有，如文化界、教育界、学术界、商业界……真是应有尽有。"中国也有句俗话:"一个篱笆三个桩,一个好汉三个帮。"可见,良好的人际关系是经营成功的重要因素之一,它是一笔不可缺少的重要资产和财富。

经营人缘就是经营成功

曾经有这样一篇文章,文中提出,如果一个社会上的普通人在35岁之前仍未建立起牢固的社交网络,那他将会有很大的麻烦。文章还指出,这个社交网络应包括这些人:我们的同事,受过我们恩惠的人,我们倾听过他们问题的人,和我们有着相同的爱好的人等等。

人在一生中必然要和各种各样的人发生这样那样的关系,包括父母、夫妻、亲戚、朋友、上司、同事、下属等各种关系。你的人际关系的质量影响着你的事业和生活的方方面面。人际关系越和谐,你的工作成果和个人成就也会越突出,事业生活中的乐趣也就越多。你在事业之外的幸福和个人生活的质量也都取决于你与他人交往的方式,取决于你能否轻松地建立并维持友好、诚挚和长久和谐的私人关系。

一名西方商人在中国经商八年后认识到:在中国为人处世,特别要花心思,这是一个重人情胜过实效、不看僧面看佛面的国度。这种认识虽失之偏颇,但也不是没有根据的。很多时候,做人确实比做事重要。人缘好、有声誉的人,凡事就可以轻而易举地办成。反过来,不少恃才傲物的人往往到处碰壁,怀才不遇,荒废满腹经纶,以致终生默默无闻。

外国成功学者普遍认为，喜欢别人，又能让别人喜欢的人，才是世界上最成功的人。

广泛与人交往是机遇的源泉。交往越广泛，获得机遇的概率就越高。成功的人大多善于交往，喜欢广泛交际。成功的人大多是有关系网的人。有许多机遇就是在与朋友的交往中出现的，有时甚至是在漫不经心的时候，朋友的一句话、朋友的帮助、朋友的关心等都可能化作难得的机遇。在很多情况下，就是靠朋友的推荐、朋友提供的信息和其他多方面的帮助，人们才能获得难得的机遇。

每一个伟大的成功者背后都有其他成功者的支持。没有人是自己一个人达到事业的顶峰的。假如你决心成为出类拔萃的人，千万不能忽视人际关系。不过，在现实生活中，有许多人对人际关系的重要性并没有深刻的认知，通常也不愿花时间在上面，往往到了关键时刻，才发觉自己的人际关系太少。其实，经营我们的关系网，就是为我们日后的成功埋下伏笔。

人缘是成功的第一要素

美国前总统西奥多·罗斯福曾说："成功的第一要素是懂得如何搞好人际关系。"的确如此，在美国，曾有人向2000多位雇主做过这样一个问卷调查："请查阅贵公司最近解雇的三名员工的资料，然后回答解雇的理由是什么。"结果是无论什么地区、无论什么行业的雇主，三分之二的答复都是："他们是因为不会与别人相处而被解雇的。"

很多成功的商界人士都深深意识到了人缘资源对自己事业成功的重要性。曾任美国某大铁路公司总裁的A.H.史密斯说："铁路的95%是人，5%是铁。"所以说，无论你从事什么职业，学会处理人际关系，你就在成功路上走了85%的路程，在个人幸福的路上走了99%的路程。无怪乎美国石油大王约翰·D.洛克菲勒说："我愿意付出比天底下得到其他本领更大的代价来获取与人相处的本领。"

所以，你要想成功，就一定要营造适于成功的人际关系，包括家庭关系和工作关系。中国有句古话，叫"家和万事兴"。你与配偶的关系如何，决定了你与子女的关系，而家庭关系给我们与别人的关系定下一样的模式。同样，我们与同事、上司及雇员的关系是我们的事业成败的重要原因。一个没有良好的人际关系的人，即使再有知识，再有技能，也得不到施展的空间。

对此，美国商界曾做过领导能力调查，结果显示：

①管理人员的时间平均有四分之三花在处理人际关系上；

②大部分公司的最大开支用在人力资源上；

③计划能否执行与执行成败，关键在于人。

可见，任何公司最大、最重要的财富是人。在我们中国，人缘资源更为重要了，如果你想获得事业的成功，就尽早建立自己的人缘资源网吧。如果你的人缘上有达官贵人，下有平民百姓，而且，当你有喜乐尊荣时，有人为你摇旗呐喊、鼓掌喝彩；当你有事需要帮忙时，有人为你铺石开路、两肋插刀，你就能感到人缘的力量！

人缘好才能信息广

在这个信息发达的时代，拥有无限发达的信息，就拥有无限发展的可能性。信息来自你的情报站，情报站就是你的社交网络，人缘有多广，情报就有多广，这是你事业无限发展的平台。

商场上称人缘信息为"情报"。一个生意人怎样获得工作上必需的情报呢？我们所知的最有效的方法是：一，经常看报；二，与人建立良好关系；三，养成读书习惯。换句话说，生意人最重要的情报来源是"人"。对他们来说，"人的情报"无疑比"铅字情报"重要得多。越是一流的经营人才，越重视这种"人的情报"，越能为自己的发展带来方便。

日本三洋电机的总裁龟山太一郎就是很好的例子。他被同行誉为"情报人"，对于情报的汇集别有心得，最有趣的是他自创的"情报槽"理论。他说："一般汇集情报，有从人身上、从事物身上获得两个来源。我主张从人身上加以汇集。如此一来，资料建档之后随时可以活用，对方也随时会有反应，就好像把活鱼放回鱼槽中一样。把情报养在情报槽里，它才能随时吸收到足够的营养。"

把人的情报比喻成鱼非常有趣。一位知名评论家也说："我每一次访问都像烧一条鱼一样，什么样的鱼可以在什么市场买到，应该怎么烹调最好，我得先弄清楚。"对于生意人来说，如何从人身上得到情报及处理情报，这样的工作，其实是和编辑人一样的。许多记者都知道：在没有新闻时，设法找个话题和人聊聊。生意人也是这样，也许没有办法随时外出，那就利用电话来跟朋友们讨教吧！

日本前外相宫泽喜一有个闻名的"电话智囊团"。宫泽在碰到记者穷问不舍时，往往要求给予一个小时的时间考虑。如果碰巧在夜里，则只要一通电话就可以得到满意的答复，这些答复来自他的十名智囊团成员。这也就是我们所谓的"人的情报"。

一个人思考的时代已经过去了，建立品质优良的社交网络为你提供情报，成了决定工作成败的关键。环绕我们四周的多半是共同寻乐和有利害关系的朋友，和他们交往虽然愉快，关系却不能长久。我们很容易分析得出结交朋友的过程，总不外因为某种缘分与别人邂逅，对对方产生好感，然后开始进行交流，于是进入"熟识"阶段。对朋友觉得有趣或愉快，通常都在这个阶段。熟识之后，开始有一种共患难的意识，彼此间产生友谊。认为朋友会对我们有帮助，通常是在这个阶段。这个阶段的友谊，联系性强，彼此间也容易产生超过利害关系的亲密感。说得更具体一点，交往的本质其实也就是互相启发和互相学习，彼此从不断摸索中逐渐改变、逐渐成长，建立起稳固而深厚的友情。在我们的工作和生活中，可以作为智囊的朋友，大抵可分为以下三类：

第一类提供给我们有关工作情报和意见的，称为"情报提供者"。这种人大都从事记者、杂志和书籍的编辑、广告和公关工作，即使你不频频打扰，对方也会经常提供宝贵的意见，像上述的"电话智囊"就是这一类。

第二类提供我们有关工作方式和生活态度的意见，称为"顾问"。这种人多半是专家，甚至是本行业内的第一人，我们可以把他们视为前辈或师长。

第三类则与工作无直接关系，称为"游伴"。原则上不是同行，通常是我们在参加研讨会、同乡会和各种社团认识的，有些也是"酒友"。他们不但可以是"后援者"，有时甚至是我们的"监护人"。

人缘是人生的一面镜子

唐太宗说过："以铜为镜，可以正衣冠；以史为镜，可以知兴替；以人为镜，可以明得失"。"人缘资源"的第一层意义，便是从人与人的交往中学习，从人缘资源中获得一种"人生资源"。在与人交往中，我们可以学到以下三种东西：

1. **了解自己。**

一般人都爱犯一个毛病，就是自以为最了解自己。事实上，我们对自己的所知极为有限，几乎无法具体地描述自己的个性、能力、长处和短处。当你以为"这就是真正的自己"时，通常只看到"有意识的自我"和"行动的自我"，而这些都只是自我的一部分而已。

我们很难掌握自己，唯一的办法只有拿自己与周围的人比较，或者从人的交往中逐渐看清楚别人眼中的自己，有时候必须在多次受到长辈的斥责和朋友的规劝之后才能恍然大悟，了解真实的自我。"以人为镜，可以明得失。"除非有别人作为镜子，否则你永远不会知道自己是什么样子。

2. **了解社会。**

我们习惯于从日常生活中了解这个社会，别人的生活经验、书报杂志和传播媒介也可以帮助我们了解社会。可是从生活体验中捕捉到的社会毕竟太狭窄了，就如"井蛙窥天"一样，使我们难以作出准确的判断。报纸和其他传播媒体所提供的也只不过是一张"地图",光靠这张地图,当然更掌握不到活生生的现实。像这样经由片面的个人经验塑造出来的世界观,都可能随着人缘资源的扩大才慢慢得到修正。

我们都记得从学校刚毕业时,常常听到父母师长训勉我们:"外面的世界很现实。"的确,外面的世界和我们理想中的世界是太不一样的。简单地说,只有与人交往才有可能掌握真正的现实社会,进而树立自己的世界观。

3. 了解人生。

我们的一生中无时不在受着他人的影响,这些人可能是父母亲友,也可能是自己的上司和同事。从他们身上,我们不仅可以看到自己,更能了解整个社会,同时也因为他们的生活态度而认识到人生是什么。

人缘是一面镜子,通过它不仅可以了解自己,还可以了解社会和了解人生。日常生活里,我们还可以从周围的人身上学到很多东西,对于启发灵感及增长智慧不无帮助。

Part2 社交账户：你认识谁决定你是谁

俗话说，你认识谁决定你是谁。要想拥有丰富的人缘资源，首先你得充实好你的人缘账户。这要求你得通过扩大交往范围、有效利用各种形式、通过多种途径去结交关系，让你的人缘资源不但有广度，而且还有深度，这样才有可能让你到需要关系时能够充分支取你的人缘账户，找到你生命中的贵人，谋求事业的成功和个人的幸福。

人生必须拥有的八种人际关系

　　每个人的人际关系都是不一样的，但是有一点毫无疑问，就是你的人际关系网必须广泛，各行各业、各色人等都应该包含进去，这样才能为你的生意提供各种各样的帮助。不要以为那些地位低微、所做的工作与你相去甚远的人就不需要结交，要知道，你并不能确定自己在什么时候、在什么地方会需要什么帮助，所以，你的人际关系网越广越好。软件银行总裁孙正义的人际关系网就极其广泛，从东半球到西半球，上至美国总统，下至一般的菜贩子，可以说遍布海内外。

　　但是，虽然每个人的人际关系都不一样，但国外的学者认为，有八种人是一个人的人际关系网中必须拥有的，因为它直接关系到你的人生品质和事业。你的关系网中有这几种人，你的生活、工作以及生意就会左右逢源、轻松愉快。虽然国外的情况与中国有所不同，但从内容实质上看，他们介绍的这些东西对我们还是很有参考价值的。这几种人分别是：

1. 能够提供难以取得之门票的人。

　　你最重要的客户喜欢看球，明天晚上正好有一场甲A联赛，你想送给他几张票。可是你打电话问过所有的票务公司，都说没有票了，这时你该怎么办？所以，你必须结识一些能够搞到票的人，尤其是那些很难买到的票，以随时准备充当结交关系的工具。

　　事实上，没有所谓的"全部卖光"这回事，但你必须知道要找谁才能买到票。

2. 旅行社的人。

对于同在一架飞机上的旅客而言，一百名旅客就有一百种不同的机票价格。1000元的票价，你可能800元买到，别人可能700元买到。为什么呢？因为他认识一位旅行社的朋友，而这个朋友又是最有办法的那种。你怎么能不去拥有这么一个丰富的旅行经纪资源呢？

3. 人才市场或猎头公司的人。

除非需要一份工作，否则大部分的人不会和人才市场的人说话。其实，这是没必要的，重要的不是你现在怎样，而是你未来会怎样。即使你现在工作非常稳定，你也不妨与他们建立良好的关系，这样你或者可以通过他们找个好工作，或者可以通过他们结识更多的优秀人才。那些猎头公司可是专门和优秀人才打交道的，多好的资源啊！

4. 银行的人。

银行在各种投资理财中的作用是越来越重要了，做任何生意都离不开这个现代商业社会最重要的角色。有了银行这个稳固的关系，当你的资金运作出现问题时，就知道该打电话给谁了。

5. 当地公务人员、警察。

几乎生活和工作中的每一件事：填平路上的坑洞、运走垃圾、修理人行道、修剪树木、减低税赋、改变城市划分、子女求学、规范社区商业行为、你新买的车子被偷了、你家的门被小偷不请而入等等，都需要当地公务人员、警察，因此他们也应该成为你的关系对象。除了自己用以外，你的那些重要关系同样用得着。

6. 名人。

结识名人可以无形中抬高你的地位，为你的生意提供各种便利。但是名人一般是很难接近的，你该如何结识呢？别忘了，所有的名人都有他们的律师、医生、牙医、会计师、亲戚、喜爱的餐厅及常去的地方，也有经纪人、宣传、公关人员及教练等。先去认识这些人，然后请他为你安排一次与名人见面，或替你打第一通电话。

7. 媒体联络人。

在现代社会经商你不能不和媒体打交道，因此将一些报社、电台的记者、编辑纳入你的人际关系网络，使他们成为你可靠的资源，就是生意成功的一个必要条件。

8. 律师。

社会是复杂的，各种各样的人都有，没准什么时候就会遇上什么纠纷矛盾之类。所以，认识一些有名的律师，你的麻烦事会少很多。

以点带面交朋友

交朋友是一种颇具艺术修养的学问。要想交上一大批朋友，最好的办法是以点带面，让与你志同道合的人个个成为你的好朋友。

我们经常会碰到这种情况：在一个众人聚集的场合，你怎样才能在人群之中脱颖而出，让更多的人注意你、重视你，让陌生人结识你，让不熟悉你的人成为你的朋友呢？

在陌生场合下，要懂得利用你的熟人，让熟人帮你牵线去结识陌生人。

没有特殊关系，一般人不会主动将自己的朋友介绍给别人，尤其是在大家非常忙的时候。所以，想认识谁就要主动找熟人，请他帮忙介绍。比如，当朋友与别人交谈时，你可以主动走上前去同朋友打声招呼，说几句客套话。在一般情况下，他会主动将和他说话的人介绍给你。如果他不介绍，你可随便问一句："这位是……"他告诉你后，你乘机与对方说点什么，但不要聊太长时间，否则不但会耽误朋友的事情，对方也会认为你是个不礼貌的人。简单地说两句之后，你应主动告辞，或者再加上一句："回头我们再聊，你俩先聊着吧。"

或者当朋友与别人聊完后，你再找到他问一问："刚才和你谈话的人在哪儿工作？""那位在哪儿上班，是做什么工作的？"如果觉得有必要认识，还可以请朋友为你介绍一下："我想认识那位朋友，你帮我介绍一下好吗？"一般情况下，人们都愿意帮人介绍，因为这样显得自己很有本事，交际面广，朋友多。

如果你去的场合是某单位或某人举办的活动，你可以主动请东道主给你介绍几位朋友。如果人不太多，你甚至可以让东道主把你介绍给大家，然后你就可以与任何一位新朋友谈话了。其他人以为你与东道主关系亲密，也会很高兴认识你。即使你与东道主关系一般，但他只要把你请来了，也就会对你的要求予以满足，但你必须主动提出来。

有些人对与陌生人交往采取一再回避的态度。这一般有两种原因：一是不善于与陌生人交往，尤其是在人多的场合。二是不愿意与陌生人交往，他们认为，与其同别人匆匆忙忙地打交道，不如自己干点实事更有意义。

其实，随着社会现代化程度的提高和交往范围的扩大，人们与陌生人的接触无论在时间上还是在数量上都大大增加了。

与不同类型的陌生人相处，已成为现代人不可或缺的基本功之一。

多结交带"圈"的朋友

　　想多结交一些有用的人，就需要你多认识一些带"圈"的朋友，即多认识一些朋友多的人。这可以给你拓展关系、寻找贵人增加筹码。

　　每个人的社交圈子都是不一样的，朋友身边的朋友也有可能成为你的朋友。这就如同数学上的乘方，以这样的方式来建立人缘，速度是相当惊人的。尤其对于那些一流人物来说，这种方式就更容易见效。

　　假如你认识一个人，他从来不给你介绍他的朋友。但你的另外一个朋友说："下星期我们有个聚会，你来参加我们的聚会吧。"等你到了那个聚会，发现这些人都是来自五湖四海的人，你便有机会和每一个人结交了。这就是不带"圈"的人和带"圈"的人所产生的不同的附加价值，你觉得哪一个更加有用呢？

　　在关系网中，朋友的介绍相当于信用担保，朋友要把你介绍给其他人，就意味着朋友是为你做担保。基于这一点，你可以请你的朋友多介绍他的朋友给你认识。就像你做产品推销一样，如果你的新客户是由一个很强有力的老客户介绍的，这位新客户就会很快接受你和你的产品。

　　孙正义的成功，无疑和他善于结交带"圈"的人有极大的联系。在他创业之初，就有意识地扩充自己的关系网，并利用各种场合寻找对自己有用的人。这中间，他尤其喜欢那些人际关系比较丰富的人，因为这些人可以为他提供更多与别人结识的机会，从而帮助他认识更多的关系。与南部靖之的结识就使他受益匪浅。

南部靖之出生于1952年，比孙正义大五岁。他在读书时就成立了日本株式会社帕索那人才派遣公司，自任董事。后来，帕索那成了最大的人才派遣公司。那时，孙正义刚刚从病魔中脱身，急于寻找人才。为了得到有用的关系的帮助，孙正义参加了一次由各界企业家组成的研讨会。孙正义与南部靖之就是在一次公司社长们的聚会上会面的。

到了吃饭时间，那次吃的是日本料理。孙正义认真地听着别人说话。因为是第一次参加这样的聚会，神情有点紧张，也不敢怎么说话。这时，身边忽然发出"哧溜哧溜"的声音。原来，是南部靖之把米饭倒进了酱汤里，正大口地扒着饭菜。周围的人都愣住了，孙正义认为这个人的本领一定十分了得。于是，吃过饭后，孙正义就径直朝南部靖之走了过去，与之交换了名片。

从那以后，孙正义经常和南部靖之吃饭，一起谈论工作和事业。孙正义具有天生的亲近感，使得比他年长的南部靖之对他有一种很信赖的感觉。通过南部靖之的帮忙，孙正义得到了很多优秀的人才，为事业的发展积累了足够的人才基础。此外，南部靖之也是一个人际关系非常广泛的成功企业家，通过与他的交往，孙正义认识了更多的企业经营者，这些人在后来都为他的事业提供过帮助。孙正义称这些后来认识的朋友为"新兴合作伙伴"。

就这样，孙正义先是从一流人物身上得到了最有价值的东西，然后通过他们的介绍又结识了更多的人，使得他的人际关系网迅速地螺旋般地扩大起来。通过这些手段，孙正义聚集起大量的人、财、物、信息等财富，为生意的扩大奠定了雄厚的基础。利用关系网来发展关系，是最聪明的生意人才会使用的方法。

此外，我们之所以要多认识一些带圈的朋友，还有一个原因是当我们的人际关系连接成社会网络的时候，我们就可以把建立关系的成本降到最低。我们不需要花更多的时间去做介绍，不需要花更多的时间去请客吃饭，就可以为自己建立起稳固的关系。

成功克服交友的阻力

人人都有和他人交流的需要，也会有一时的困难需要帮助。此时能够帮助你的人，除了家人，就是朋友。出门在外，离开家人在社会上打拼，我们就更需要朋友了。

朋友就是你能信任他，他也了解你的人。朋友能分享我们的成功带来的喜悦而不是嫉妒；能倾听我们的烦恼，给我们有益的建议而不是泄露隐私；能在我们需要的时候给予适当的帮助而不求回报……友谊是人生的一笔财富，就像银行里的存款，在困难时刻帮我们渡过危机。有几个知心好友，人们在工作和生活中才会有踏实的感觉。

有的人有很多朋友，可是有的人却交不到几个朋友，甚至有人一生也没有一个朋友，这是为什么呢？有几种原因可以对此有所解释：

1. 过于内向的性格不利于交友。

朋友首先有互相交流的需要，木讷寡言、心思过重都会影响和他人的交流。当然内向不利于交友不等于交不到朋友，内向的人只是较难接近，但一旦接近，反而容易成为知心朋友。

2. 过于自私的人没有朋友。

私欲太重，甚至在利益关头出卖朋友的人永远没有真正的朋友。你能出卖朋友，又怎能指望别人把你当朋友看呢？

3. 不善于倾听，喋喋不休的人容易失去朋友。

朋友之间应该互相关心和理解，善于倾听是一项基本素质。常见一些人，逢人就像祥林嫂一样说自己那点儿事，而不关心别人在想什么，最后发现失去了所有的听众和同情。

4. 友谊和生意不分的人易失去朋友。

生意场上有"亲兄弟，明算账"的说法，可是在生活中很多人顾及面子，用友谊代替生意场上的规则，最终引发利益冲突。朋友之间因利益矛盾不欢而散，关系反而不如路人的例子很多。聪明的人会很小心地避免自己的朋友进入自己的生意圈子，如果不可避免，则会在事先明确双方的利益，即首先是生意上的伙伴关系，其次才是朋友关系。

5. 枯燥乏味的人难交朋友。

友谊是在不断的交往中发展的，共同的爱好是发展友谊的重要基础。即使你是个一般意义上的好人，但你没有什么特长和爱好，不必说运动、音乐或旅游，甚至对喝酒、聊天也没有兴趣，那么就很难和别人发展友谊。

6. 自视过高、过于自恋者没有朋友。

这种人一般有很多优点，甚至也很幽默风趣，但是在接触中总让人感觉不舒服，最后被人敬而远之。

人在社会上行走，必须靠朋友来帮忙，虽然有的朋友也不见得能帮你什么忙，甚至还会拖累你，但没有朋友却会无路可走！所以人要广交朋友，并好好运用朋友的智慧。大部分人交朋友都弹性不足，因为他们交朋友有太多原则：看不顺眼的不交；话不投机的不交；有过不愉快的不交。这种交朋友的态度也没有什么不好，但是在社会上行走，实在有必要更有弹性一点。不过我指的是广义上的朋友，因为普通朋友和知己还是要有所分别的。所谓的"弹性"是指：没有不能交的朋友；你看不顺眼或话不投机的人并不一定是小人，甚至他们还有可能是对你会有所帮助的君子，你若拒绝他们，未免太可惜了。你会说，话不投机又看不顺眼还要应付他们，这样做人太辛苦了！是很辛苦，但你就是要有这样的本事，并且不会让他们感觉到你在应付他们。要做到这样，唯有敞开心胸，别无他法。

因此，我们为了多结交朋友，就必须学会克服以上交友的阻力因素。

有效利用家庭结交关系

有人说，没有客人来访的人不会出人头地，这句话很有道理。家庭是一个人结交关系的一张王牌，不会利用这张王牌的人，他的关系网络必定不会很好，事业成功的概率也就很低了。

我们常常会见到这样的现象：有些人的家里总是有客人来访，而有些人却是除非有相当重要的事，否则家里是不会有客人来访的。不用说，前者肯定是交友广阔、关系丰富，而后者即使不是人缘不佳，也一定是关系网络有限。现代人都是白天为了工作奔波，要拜访朋友只能利用晚上，而且还要在不打扰对方的前提下。于是，星期天、逢年过节就是朋友互相往来拜访的最佳时机。如果连这些日子都没有客人来访，那这个人可真的要检查一下自己的人际关系了。

事实上，真正的朋友相交，到了某种程度，一定会想了解对方的家庭生活与家人。因为如果双方只是在正式场合见面、交往，总是一副严肃而正式的脸孔，那是不符合人类本性的，只有在私生活中，个人才会表现出自己真实的性格。也就是说，人与人之间的交往能够进展到私下接触，才能算是深交。因此在你与对方彼此产生亲近感之后，或多或少都会有进一步拜访对方家庭的希望。反过来说，如果你能把握机会，适时地邀请对方前来拜访，一定会把你们的关系向更深一层推进。

所以，在与人交往时，要善于利用家庭来结交关系。对某些人，你必须诚心欢迎对方到你家里坐坐。不要认为客人会打扰你的私生活，要知道，你是在为自己的事业积累关系。尤其是那些对自己重要的关系，那就是自己的福神。聪明的生意人，岂有不把自己的福神迎入家中的道理？

其实要拜访一个人的家庭也是一件很麻烦的事，该带什么礼物、该准备哪些事，这些都很麻烦，因此要想在家里聚集起朋友，不只是主人，家里的每一个人都应该尽力去吸引对方。你应该让他们感觉到轻松、愉快、温馨，使他们喜欢到你家来拜访。

其实，早就有很多人把这种家庭聚会当作了自己发展关系、拓展生意的一条重要门路了，尤其是很多销售人员，更是擅长此道。这种家庭聚会经济、实惠、有效率，而且中国的儒家文化浓郁，因此很适合发展。很多销售人员都利用这种家庭聚会来发展新关系、联络老关系，而且效果出奇地好。往往是家庭聚会还没有结束，公司的产品已经卖出去很多了。所以很多公司都把家庭聚会作为业务员直销事业的起点。

家庭是提升交际技巧的一张王牌，这种纯朴的交往方式与其他逢场作戏式的交往方式比较起来，更有利于建立私人交情，也就更有利于为双方的关系和生意奠定稳固的基础。所以，你要学会在恰当的时间，主动邀请对方到你家里做客。

组织各种形式的活动和聚会

除了家庭外，其他各种形式的活动和聚会都可以为你营造出一种公众氛围，产生一种凝聚力，因此利用这种方式来扩大个人影响、积累人际关系、发展生意合作，也是一种十分有效的方式。这些活动和聚会的氛围轻松愉快，你完全可以借助这种轻松愉快的氛围来让更多的人了解你，进而了解你的工作。

可以利用的活动和聚会有很多，比如比赛、主题活动、聚餐、舞会、培训会、俱乐部等等，这些都是扩大影响很好的方式。如果你是商人，你既可以利用这些来扩大你的个人影响，也可以用来扩大产品的影响。

有一个汽车经销商，他不仅销售汽车，也经营汽车配件。每一位从他这里购买过汽车的人他都不会放过，都会想办法将他们吸引为自己俱乐部的会员，并提供最好的售后服务。这些顾客对此也十分满意。

这位经销商每个月还要举办一些活动，比如聚餐、舞会等等。他不仅邀请一些老客户，还邀请很多潜在的客户。这些客户为了认识更多的朋友，也很乐意参加。他让老客户和潜在的客户一起举杯畅谈，当然，谈的最多的话题就是这位经销商以及他所销售的汽车。潜在客户从老客户那里听到的都是对经销商口碑有利的话，而他们听到的老客户使用汽车的感受也都是真实的感受，这对他们具有相当大的说服力和吸引力。活动结束后，又会有一部分新老客户加入俱乐部。当然，那些潜在客户大多成了经销商的新客户，有不少还成了他的终身客户。

乍看起来，整个活动似乎和销售汽车无关，但这正是举办这些活动和聚会的诀窍所在：先发展关系，后促成生意。而且这些精心的安排的确给这个经销商带来了很多生意，现在他的成绩斐然，代理销售的汽车有日产、丰田、克莱斯勒等，手下员工有一百六十多人。

当然，这些活动和聚会不仅在和客户、朋友经营关系时可以使用，在和你的下属、员工发展关系时，也同样可以给你带来很多益处。

大多数员工都喜欢在快乐的环境里工作，在那里他们能享受到工作以及与同事相处的乐趣。如果你是一家公司的老总，能多举办这种娱乐活动，并能使员工从这些活动中得到乐趣，那么你将会使他们喜欢上自己的工作和工作场所，同时也喜欢上你。毫无疑问，这会极大地激励员工完成你交给他们的工作。

杰克·韦尔奇在谈到领导力时，说到了领导者应该会做的八件事，其中一件就是"懂得欢庆"。他在《赢》里说道："无论人们有多少借口，其实工作中的欢庆永远都不嫌多——任何地方都如此。最近几年，在外出做报告的时候，我总会问那些听众，在过去的一年里，他们的团队是否为自己所取得的业绩进行过或大或小的庆祝活动。我不是指那些大家都讨厌的、非常拘谨的全公司大会，它把整个团队拉到当地的一家饭店，让大家强颜欢笑，其实人们宁可回家自己去庆祝。我要说的庆祝活动是很随意的，例如请团队的成员带着自己的家人去迪士尼乐园，给每个人发两张去纽约看著名演出的票，或者给每个人发一台新的iPod，或类似的什么东西。

"我问大家：'你们进行了充分的庆祝吗？'几乎没有一个人举手。

"失去这样的机会是多么可惜！欢庆能让人们有胜利者的感觉，并且营造出一种认同感、充满积极活动的氛围。设想一支球队赢得了职业大赛的冠军，却没有香槟酒来庆祝，那会是什么样子？你可绝对不能够那样！但是在现实当中，许多公司在取得重大胜利时，都忘记了击掌相贺这个仪式。"

他说："工作在我们的生活中占据了太重要的位置，怎能缺少对成绩的欢庆呢？你需要尽可能多地抓住庆祝的机会，让工作变得多姿多彩。这样的事情如果领导都不去做，那就没有人会去做了。"

"尽可能地抓住机会对成绩进行欢庆"，正是杰克·韦尔奇对企业经营者的忠告，同时也说明了多为员工举行娱乐活动和聚会的必要性。

员工喜欢、朋友喜欢、客户也喜欢，既然这么多人都喜欢参加各种活动和聚会，你就应该巧妙地利用这一工具，深入拓展你的人际关系，使自己的生意发展得更加顺畅。

走出"圈子"的局限

时下最流行的一种自我介绍或自我吹嘘法是"圈子"法。在人们彼此自我介绍时听得最多的两个字就是"圈子"。有的说自己属于广告圈，有的说自己属于设计圈，有的说自己属于营销圈……如此种种，只要在某个职业后面加上两个字"圈子"，就像自己已有了归属的栖息地，有了些许成就感。而且如果细心点你就会发现，有幸"同圈"的人之间也要较圈外的人之间亲热许多，更有甚者根本不与圈外的人接触，像是接触了之后，自己就不再是优良"圈里人"了似的！

"圈圈主义最坑人！"这是一个在广告界和策划界拼杀多年的某公司策划经理的感叹。他解释说："圈子"就像孙悟空头顶上的紧箍咒，不但把人的思维给束缚住了，也把一个人的想象空间人为地缩减了。很多人在做事的时候会因此而瞻前顾后。这样做有难处，那样做又不符合圈里的规矩，怎么办？而且，"圈子"还有一个最大的弊病，就是同一个圈子里的人互相吹捧，以至于有时自己都不知道能吃几碗干饭！

其实，"圈子"里的人最大的弊病还有一项，就是故步自封。据说，波音747飞机的机身有几十万个零部件，而它们又是分别来自于上千个厂家。这些厂家有的是制造汽车的，有的是制造橡胶的，甚至有的是制造啤酒瓶盖的。如果按照"圈子"划分，他们肯定很难是"志同道合"的朋友，但是一架波音747飞机的生产却使他们紧密地联系在一起。

"物以类聚，人以群分"这句话为千千万万的人提供了择友的理论依据。然而今天，这种话显然已经有些过时了。现代社会讲求的是实效与利益，而要达到这两个目的，在社会分工越来越细的今天，就一定要借助一些圈外力量。

李嘉诚是香港十大富豪之首，美国《财富》杂志给他评估的身价是25亿美元。李嘉诚的成功，除了靠勤劳和眼光锐利之外，与他广交朋友是分不开的。22岁时他开设了自己的塑胶工厂，取名为长江塑胶厂。后来，他在为自己的其他公司命名时，也冠以"长江"。李嘉诚曾对"长江"这一名字的寓意作过这样的说明，他说："如果你不要支流，你就不能汇流成河。"他希望这名字使他时常记着商人需要大量的朋友和同伴才会成功。

"求同存异，共同发展"不仅仅是处理好国与国之间政治关系的良方，也是处理个人人际关系的妙药。如果你仍旧恪守"物以类聚，人以群分"，就会使自己陷入某种程度的孤立，难求圈外之援。

多建立有用处的关系

现今是市场经济社会，人人都有其程度不同的压力感。试想，如果你正处于只能维持最低的生活水平或者正处于事业发展的紧要关头，你只能"有事"才"有人"。

"有事"当然包含许多内容。"有事"时才"有人"是当前普遍的现象。

"求人"办事也就是"有人"，为求发展、达到自己的目标，只能甜言蜜语，否则也是办不成事的，如果"有事"时又"无人"，那只能说明你无法适应当前的社会环境、缺乏处世办事的能力，缺乏维系人际关系最基本的条件。

根据现代社会的交际观念，社交有三个基本目标。我们不能只强调信息共享、情感沟通而拒绝相求相助。我们不能把相求相助都当成"势利"来看待。

我们不妨设想，有这么一个人，他既不能与你信息共享、情感沟通，也不能与你相求相助，你会与他交朋友吗？可见，人际交往还是有选择的，选择就是一种目标的体现。建立"关系"可以用一个简单的方式来说明。首先，要认清目标，接着找有相同需求的人，最后与之联系，建立关系。也就是说：要与目的上有相同需求的人建立关系。

"关系"通常要花一点工夫才能取得。一家公司在两个月内即将面临大裁员或破产的打击，员工应该早有所闻，有人像无头苍蝇一样不知如何是好，有人则已悄悄地打电话联络，寻找下一个工作机会，以免和公司"同归于尽"。你可以用全部的银行存款打赌，这些人一定比慌张失措的同事先找到工作，之后也会继续依靠"关系"追求更卓越的生涯。

事实上，"关系"对他们来说就是生命线。和外界保持某种程度的"关系"，消息才会灵通。要是问他们这些"关系"是怎么来的，恐怕他们也答不上来。这种事并非是鬼鬼祟祟、见不得人的勾当，而是一般人成功的秘诀。他们了解"团结力量大"的道理，最后，练成了在最不可能的地方得到情报的神功。

善于拓展"关系"的人，是标准的社交高手，不管是在宴会、洽谈公事或私人聚会上，总是会掌握时机。对这些"沟通大师"而言，人生就是一场历险——会议室、酒吧、街角、餐厅，甚至在澡堂里，处处都可以"增广见闻"，因此随时竖起耳朵，收听精彩的内幕消息或飞短流长。只要你多走动必有收获。最会拉关系的人，不但能口吐莲花、左右逢源，而且任何蛛丝马迹都逃不过他们的法眼。他们就是天生的侦探或是记者，不然也应颁给他们"社会学荣誉博士"。

总而言之，人总是在心里想着身边的"关系"有无用处，看看是否能从双方的需要上做些文章，以使关系套牢。此乃人之常情，无可厚非。

提升自己，结交名流

既然能成为社会名流，其影响力、行动力以及人格魅力肯定都达到了相当高的程度，其中一定有许多值得人学习的地方。更重要的是，若能与他们搭上关系，获得他们的赏识，无形中便增强了自身的实力，从而能够获得更多的成功机会。不过，要想实现这个目标，除了自身须有过硬的专业本领外，还须讲究一些基本的交际方法。

1. **提前搜集了解有关材料。**

对于我们欲结识的社会名流的有关材料，应尽力搜集，多多益善，力求全面详细。比如他的出生地、过去的生活经历、现在的地位状况、家庭成员、个人兴趣爱好、性格特点、处世风格、最主要的成就、在某一领域的影响力等。总之，凡是与他有关的材料，只要能搜集到的就尽力搜集。这是我们实现与他结交并深入发展的基础。

2. **托人引荐。**

这是比较常用的办法，通常托那些与名流交往密切的人作为中间人帮助引荐，会起到事半功倍的效果。因为名流对与他交往密切的人引荐来的人，自然会刮目相看，郑重接待。

找中间人须注意的是，我们要设法获得中间人的了解、信任与欣赏，这样他才会有引荐的积极性。通常，对一个不太了解或不太赏识的人，中间人是不会轻易引荐的。因为如果贸然引荐，令名流不愉快，无形中会破坏他自己在名流心目中的良好印象，非常不划算。

3. 自己主动结识。

这也是比较常用的一种结交名流的办法，就是"冒昧"地给名流写信、打电话，或者到有名流参加的各种活动现场去接近他们，主动提出结识请求。这种方法也不乏成功的案例。这时，我们更要表现出自己慕名而访的诚意。

比如，最简单的方式，我们可以通过写信向名流请教。须注意的是，我们的信要有独特的地方，提的问题新颖，甚至能启发他思考问题，能引起他的兴趣，这样才能得到较为满意的答复。

4. 不卑不亢，适度恭维。

名流也是普通人，也有七情六欲、喜怒哀乐，因此我们在与名流交往时，应保持一颗平常心，不卑不亢，不要拘谨也不要太直露。举止言谈应落落大方，不要给人以谄媚、讨好的感觉。

一般人对名流都会怀有敬佩之情。我们很真实地表达自己的钦佩之情，适当地恭维一下也无不可，但一定要让他感觉出我们的称赞是发自肺腑。因为他早已听惯了奉承话，甚至对此已有些麻木，如果我们再进行俗套的吹捧已难以引起他的兴趣。如果要吹捧的话，倒不如找些别人尚未吹捧到的地方。

5. 慎重选择话题。

交谈前，我们应对名流所从事的职业、专长、兴趣等有一定的了解，力求能给他留下良好的"第一印象"，为今后的交往打下基础。

交谈中，一定要多谈一些他平生最为得意的成就，而不要总是"挠不到痒处"。最好选择一些能显示出我们对他关心的问题，如早晨何时起床、身体状况如何等。在谈话过程中，要保持谈话轻松自然，避免谈起那些令人不快的话题。另外，切忌班门弄斧、不懂装懂、说些外行话。

选择适当的交际人群

成功建立关系网的关键是和适当的人建立稳固的关系。良好的人际关系能拓宽你生活的视野，让你了解周围所发生的一切，并提高你倾听和交流的能力。

1. 建立内部圈。

当你对职业关系有所意识，并开始选择可以助你一臂之力的人时，你可能不得不卸掉一些关系网中的额外包袱。其中或许包括那些相识已久但对你的职业生涯无所裨益的人，维持对你无甚益处的老关系只会意味着时间的浪费。

良好、稳固、有力的人际关系的核心必须由十个能影响你并靠得住的人组成。这首选的十人可以包括你的朋友、家庭成员和那些在你职业生涯中彼此联系紧密的人。他们构成你的影响力内圈，因为他们能让你发挥所长，而且彼此都希望对方成功。这里不存在钩心斗角的威胁，他们不会在背后说你坏话，并且会从心底为你着想，你与他们的相处会愉快而融洽。

当双方建立了稳固关系时，彼此会激发出强大的能量。他们会激发你的创造力，使彼此的灵感达到至美境界。为什么将你的影响力内圈人数限定为十人呢？因为强有力的关系需要你一个月至少维护一次，所以十人或许已用尽你所有的时间。

还有就是，你应该同至少15个左右，可以作为你十人强力关系圈后备力量的人保持联系。假定你的一位主要关系人退休或移民国外，最好的替补就是你的后备军。事实上，只要你能每月定期和他们联系，无论是通过电话、传真、聚会还是电子邮件或信件，这个团体的人数都可以超过15人。

2. 交往时保持慷慨大方。

在试图与你建立关系时，人们总会问你是做什么的。如果你的回答平淡似水，比如只是一句"我是IBM的一名经理"，你就失去了一个与对方交流的机会。比较得体的回答是："我在IBM负责一个小组的管理工作，主要为我们的军事侦察卫星开发监视软件。我也喜欢骑马，常常打网球，并且热爱写作。"在不到15秒的时间里，你不仅使你的回答增添了色彩，也为对方提供了几个话题，说不定其中就有对方感兴趣的。当他回答"哦，你打网球？我也喜欢"时，你们就可以开始打造关系了。

建造关系网络必须遵守的规则，绝不是"别人能为我做什么"，而是"我能为别人做什么"。在回答别人的问题时，不妨再接着问一下，"我能为你做些什么？"保持联络是成功建立关系网络的另一关键。《纽约时报》记者问美国总统克林顿，他是如何保持自己的政治关系网的。当时他回答道："每天晚上睡觉前，我会在一张卡片上列出我当天联系过的每一个人，注明重要细节、时间、会晤地点和其他一些相关信息，然后添加到秘书为我建立的关系网数据库中。这些年来朋友们帮了我不少。"

要与关系网络中的每个人保持积极联系，唯一的方式就是创造性地运用你的日程表。记下那些对你的关系特别重要的日子，比如生日或周年庆祝等。打电话给他们，至少给他们寄张贺卡，让他们知道你心中想着他们。

3. 运用创造性的技巧

观察他们在组织中的变化也同样重要。当你的关系网成员升职或调到新的组织去时，祝贺他们。同时，也让他们知道你的个人情况。去度假之前，打电话问问他们有什么需要。当他们落入低谷时，打电话给他们。不论你关系网中的哪一位遇到麻烦时，立即与他通话，并主动提供帮助，这是表现支持的最好方式。富有建设性地利用你的商务旅行。如果你旅行的地点正好邻近你的某位关系成员，不要忘记提议和他共进午餐或晚餐。出席对你关系很重要的活动，不论是升职派对，还是其女儿的婚礼。如果你不去，他们也会知道的，所以要去露露面。至少每三个月变动一下你的关系网。要多提类似"为什么要保留这个关系？"的问题。如果你不更新或增加新人，你的关系网络就会陈旧。

为你的关系网络和组织提供信息。时刻关注对网络成员有用的信息。定期将你收到的信息与他们分享，这是很关键的。优秀的关系网络是双向的。如果你仅仅是个接受者，无论什么网络都会疏远你。搭建关系网络时，要做得好像你的职业生涯和个人生活都离不开它似的，因为事实上的确如此。

多认识关键人物

上班族在一生中无论如何积极地扩展人际关系，也不可能和认识的所有人进行长期交往。为了和一个人保持密切的交往，必须要筛选自己所结识的人们。倘若不如此，只会不断增加毫无意义的名片库藏量而已。即使好不容易认识了可以发挥作用的人，如果不加筛选，一定会被埋没在名片堆里。比方说，只要参加宴会或研习会，收到的名片可能相当可观。然而，你不妨认为在这堆名片中，可以成为人际关系关键人物的只有一个人而已。出席任何性质的聚会时，你应该抱持着只要能碰见一位这样的对象便是收获的念头。

即使是电影或小说，也没有人会认为自己看过的每部作品都生动有趣。让人产生想再看一遍、再阅读一次的念头的作品，必定只占其中的小部分，为了遇见这一小部分的作品，必须先遇见数量庞大的拙作。从观赏到的数十部电影中，只要能遇上一部让你钟爱一生的作品，即堪称幸运。

人与人之间的邂逅亦相同。让人产生交往一生念头的对象，是不可能轻易发现的。只要能结识一位这样的人物，就应该认为是当日的大收获。如果一味地想着在那场宴会上不知可以获取几张名片，是再愚蠢不过的事了。

"只要能遇上一位有趣的人物就好了"，你只需抱着这种想法伸展触角即可。

当然了，你也有可能一位这样的人物也没碰上，这种情形在现实中占多数。遇上这种情形时，你没有必要勉强增加认识的人。倘若自认是无聊的聚会，尽快撤离现场也是很重要的。只要能够结识一位关键性的人物，人际关系即可飞跃性地获得扩展。因为如果对方拥有100人的人际关系，你通过此人即有可能获得那100人的人际关系。倘若你想凭借个人力量去接近同样的100人，肯定得花费庞大的时间和精力。

然而对此抱持误解，一心企图结识宴会或研习会所有出席者的人亦不在少数。在这种情形下，不仅对方不容易记住你，你也不可能牢记对方。因此你必须抱持的观念是，出席这类聚会十次里，只要能遇上一位关键人物就具有充分意义。在宴会或研习会上，关键人物不会逗留到最后。至于在正式宴会后举行的后续聚会上流连的人，也绝不会是关键人物。

看清楚谁是你的贵人

中国社会就是一个关系的社会，纵横交错的关系网渗透了生活、生意的各个角落。有了一张好的关系网后，聪明的生意人就可以活用这张网上的各种关系了。比如，有的关系能帮你出谋划策，还有的关系可以给你提供某种有用的信息。但是在各种关系中，有一种关系最为重要，就是对你的成功最有影响、能够决定你命运的那层关系，即你生命中的贵人。

在攀向事业高峰的过程中，贵人相助往往是不可缺少的一环。许多人即使拼了大半辈子也没成功，关键并不在于他们的努力不够，而在于他们缺少贵人的帮助。相反，即使当今世界上的顶级商人，如王永庆、李嘉诚等人，也是受了很多人的帮助和提携才取得今天的成就的。因此，要想做大生意，发大财，你就必须经营自己的靠山，寻找属于自己生命中的贵人。得到贵人相助，事半功倍；缺少了贵人相助，事倍功半。

有一份调查表明，凡是做到中、高级以上的主管，有90%受到过别人的栽培；至于做到总经理的，则有80%遇到过贵人；而那些自己创业做老板的，竟然有100%的人全部被别人提拔过。这从另一方面说明了贵人对自己事业的重要性。因此，你可以没有资金，也可以没有技术，但是你绝不能没有自己的贵人。

在传统文化中，"人和"的内涵就是"贵人相助"。有了贵人的相助，任何的成功都会变得简单得多。所以，找到自己的贵人，并博得他们的信任和赏识，是获得成功的重要步骤。

多和一流的人在一起

贵人，一般来说都是能力、经验、实力等方面远在你之上的人，否则他们也未必能对你的事业提供帮助。因此，要想找到自己事业中的贵人，就要多和那些比你强的人在一起，最好是能和那些最一流的人在一起，这样你才有结识他们并获得他们帮助的机会。

此外，和一流的人在一起并不仅仅是为了获得他们的帮助，还可以为你提供良好的人际环境，而这些同样是事业成功的必要条件。不要小看这种人际环境，在很大程度上它决定着你未来的命运。因为和那些一流的人在一起，你就会不知不觉地以他们为榜样，就会很快地提高自己各方面的能力和水平，从而使自己走向成功。

《心灵鸡汤》的作者马克·汉森有一次跟成功学大师安东尼·罗宾同台演讲之后，汉森好奇地问安东尼·罗宾成功的秘诀，安东尼·罗宾只问了他一句话："马克·汉森先生，你每天都跟谁混在一起呢？"马克·汉森很骄傲地回答："我每天都跟百万富翁在一起。"安东尼·罗宾笑了一下，说："这就是你的问题，我每天都跟亿万富翁在一起。"

孔子说："勿友不如己者。"意思是说不要和那些水平比自己差的人交朋友，这样只会使自己的水平也降下来，变得自满、疏懒。相反，只有经常和那些一流人物在一起，你才能让自己变得更强。所谓大树底下好乘凉，在社会关系中多结交一些比自己有实力、有地位、有能力的人，可以使自己学到很多有用的东西，同时也会对你日后的生意发展起到不可估量的作用。因此，你要想生意有成，就应该有意识地多和一流的人在一起。

由学徒而发展成洲际大饭店总裁的罗拔·胡雅特，在当年初入这行时，不仅对这一行懵懂无知，而且还是带着几分勉强的心态。因为那完全是他母亲一手安排的，胡雅特自己一点也不感兴趣。但他明白，如果打了退堂鼓，自己最终将会一事无成。

刚开始时，胡雅特是在巴黎的柯丽珑大饭店做侍应生。他知道观光大饭店住的是各国人士，自己必须具有多种语言的能力，才能应付自如。于是，他在工作之余，先后学习了英语和德语，并在英国和德国都实习了一段时间。很快，他就成为柯丽珑大饭店的副经理了。胡雅特还想去美国看看，经理决定特准予他公假，以公司的名义派他去美国考察，一切费用公司承担。

当然，胡雅特去美国的目的，并不只是实习考察而已，更重要的是想进一步结交一些行业领袖人物，为自己的事业进一步积累人际关系。因此他一到美国就去拜见华尔道夫大饭店的总裁柏墨尔，并把柯丽珑饭店经理的亲笔信交给他，请他给自己一个见习机会，并要求从基层做起。他真的从擦地板开始做起了，而且这一行为确实给他带来了好运。

有一天，柏墨尔到餐厅部来视察，看到胡雅特正在趴着擦地板。他跟这位来自法国的青年见过一面，印象颇为深刻，见他在擦地板，不禁大为惊讶。

"你不是法国来的胡雅特吗？"柏墨尔走过去问。

"是的。"胡雅特站起来说。

"你在柯丽珑不是当副经理吗，怎么还到我们这里擦地板？"

"我想亲自体验一下美国观光饭店的地板有什么不同。"

"你以前也擦过地板吗？"

"是的，我擦过英国的、德国的、法国的，所以我想尝试一下擦美国地板是什么滋味。"

"是不是有什么不同？"

"这很难解释，"胡雅特沉思着说，"我想，如果不是亲身体会，很难说得明白。"

柏墨尔的眼睛里，突然闪过一道亮光，他注视了胡雅特半天，才说："你等于给我们上了一课。胡雅特，下班后，请到我办公室来一趟。"

这次的结交，使胡雅特进入了美国的观光事业。自此以后，胡雅特的事业蒸蒸日上，一直干到洲际大饭店的总裁，手下有64家观光大饭店，营业范围伸展到世界上45个国家。

有人说："看一个人的人际关系，就知道他是怎样的人，以及将来有何作为。"这话很有道理。总是乐于和那些比自己差的人交际，虽然能让你产生优越感，却不会对你的事业产生什么帮助，也不会使你学到多少东西。只有多结交一些一流人物，才能促使你更加成熟，同时也给你找到自己的贵人增加了机会。

描绘出你的人际关系图

制作人际关系图是建立人际网络的重要方面，它有利于你查阅各方面人际资源的平衡状况，便于在发展人际关系上作出重要调整与改善。

一个公司需要两种不同的平衡表：一种是财务收支平衡表，另一种是人力资源比较平衡表。前者是因为公司经营所需，后者更是公司发展不可缺少。这不但适用于公司，也适用于个人。你不妨把自己认识的人，列出一张人际关系平衡表，这对你的现在或未来都是很有帮助的。

制作方法是这样的。先把和自己有往来的客户名称，以及公司里有所关联的部门写下来，制成一张图表。然后，再画一张公司方位图，并将自己办公所在的位置用红线框起来。接着，以自己的办公桌为中心，把附近同事的办公桌也加上框框，并预留空隙，在其中写上个人的姓名（框框尽量画大）。再用铅笔注明各人升迁、变动等职位变化，如此可便于日后改写。最后，再在与你工作时有接触的人名旁边，画上"+""-"与"△"：对自己工作有利，或对本人深具好感的，打一个"+"；反之，于己不利，可能心怀不轨的，就打一个"-"；如属漠不关心，对于工作没有什么影响的，打一个"△"。

在这张表上，每个人的职务、负责的业务内容、对公司本身的影响力，都要简单地记录下来。待人事有所更换、变动时，再予以修改、增减。

你不妨利用四开图画纸，多做几张这种表，因为它甚至可以具体显示出你和客户之间的关系。比如，你可以更加仔细地另制一张人名表，依据各人对自己影响力的大小，按照编号次序排列下来。"+"
"–""△"所代表的仍如上述，看看自己能否将原有的"–""△"，
慢慢改变成"+"。当然，"+"越多越理想，如果"–"不减少，且有
增加的趋向，就表示你在人际关系上极需谋求改善了。

交友名册是人际交流信息的重要宝库，利用它可以时时查询和检阅
有关资料，便于快速地与对方进行沟通或联系。它既是工作上不可缺少
的资料，也是个人成功交际的必备资源。

倘若有人在私下批评你："这个家伙，只会在有事情的时候，才想
到来找我。"那么，你的人际关系就不及格了。长期下来，你是会吃亏
的。尤其作为一个社交高手，更不可使意见交流的管道生锈，这样非但
会阻碍彼此的沟通，也会削弱交涉本身所产生的力量。

万一由于自己的疏忽而发生了这种情形，你要赶紧设法补救。最好
的方法，就是亲自登门造访。若因为时间、地点或其他情况有所不便，
你可以直接以电话或书信方式和对方取得联系，并向对方解释自己疏于
联络的原因，以求得对方谅解。往后，最重要的就是要重拾交情，并继
续维持下去。

为了不使好不容易才建立起来的人际关系毁于一旦，你就要不嫌麻
烦，勤于打电话、写信以及登门拜访。其实，这些对你来说，都是不费
吹灰之力的举手之劳，在维持彼此间交换情报及沟通情谊的前提下，你
又何乐而不为呢？

建立社交账户是一生的功课

善于结交朋友，建立有效的社交圈，寻求前辈们的指导，对每个人

来说都是基本的职业技能。你必须和主流文化的人群自然和谐地相处。你必须充满自信地参与社交活动，接受人们对你表示出的友好；最重要的是，向别人主动展示你的善意。许多人抱怨没有机会，实际上他们有许多机会，只是机会藏在他们周围和种种关系里面，而他们还没有充分地挖掘罢了。

在当今这个要求人际关系达到最大效果的现代商业社会里，人际关系是每一个人愈来愈重要的资源。在许多聚会上、社交团体或培训班里，有很多人会竭尽全力地想认识每一个在场的人。但是，值得我们注意的是，社交网络的建立并不是一蹴而就的，它是我们悉心经营的结果，所以我们不要幻想一下子就拥有了丰富的人际关系资源。引用一家大型生产企业的一位营销经理的话来说明这点："建立人缘账户是一辈子的功课。"

很多人都知道，读MBA75％的作用在于可以建立起强大的社交网络，因为就学期间的同学大都是颇有实力和在各自的公司起决定性作用的人物，他们都是业内的佼佼者，这些关系都是不可多得的财脉，他们今后可能获得更大的发展，这就会为你的事业带来帮助。在国外读MBA，同学会遍布全世界，会为将来进入全球化性质很强的领域，比如银行、投资等领域，提供强大的资源。

MBA学习最重要的功能之一就是结识一批"人尖"——本行业的精英们可能和你坐在同一个课堂上，你可以借此机会建立宽广深厚的人缘。同班同学、校友就是你经营未来事业的支撑。这就是名校MBA最大的魅力，如果没有这一点人缘支持，MBA就会贬值很多。一个世界级的社交网络是千金难买的财脉。

一流大学的魅力相当大的程度上来自于它的人缘圈子。如果就读于最好的大学，你必然会结识一批你这个时代最杰出的年轻人。这就是为什么我们翻开历史会有那么多名人都是校友，都是同学。

很多人看了参加企业商学院培训的名单后都会惊叹，有绝大多数人都是他们生意上或者潜在生意上的合作伙伴，能在一起学习对每个人的好处都是不可估量的。另一方面，各个大公司也非常希望与客户们保持良好的互动互利关系，校友资源是潜在的财脉。越来越多的企业逐步重视起MBA教育的人际关系效应，越来越多的企业不惜花费大量金钱构筑自己的社交网络。有些企业赞助的商学院是花钱请人来上课的，班上很多学员都是免费的。他们服务的对象是中高级的管理阶层，因为企业最愿意那些最能影响企业发展的人参与这种教育。校友是一种人际资源，只要是资源就不可能是免费的，但是一旦有了这个可靠的、能发挥作用的关系网，对公司将会意味着什么呢？北京大学光华管理学院目前有六个EMBA班，其中三个是诺基亚公司出资办的。光华管理学院与诺基亚公司合办的EMBA班中，学员主要是电信运营商和政府高级官员，这些人都是可以影响公司生意的关键性人物。所以有人说，诺基亚是"项庄舞剑，意在沛公"。EMBA班上汇集的是国内外管理界的精英，通过一起学习，自然会建立起非常牢固的同学关系。这对公司来说，就是发展的利器之一。

Part3 社交资源：成功离不开好人缘

独木难成林，一个人要想获得事业的成功与个人的幸福，离不开他人的支持与帮助，离不开对人缘资源的积累和经营。要想事事有人帮，处处有人扶，就必须经营和管理好爱人、同学、朋友、亲戚、老乡、上司、同事、下属、老师、近邻等宝贵资源，使他们成为你奋勇前进的可靠力量。

爱人：事业与生活的坚强后盾

俗话说：每一个成功的男人背后都有一个女人。爱人，是男人一生中事业和生活的坚强后盾，是一个人拥有的最稳定和最可靠的人缘资源。

2007年9月初，李安导演的《色·戒》获得了威尼斯电影节金狮奖。2006年他导演的《断背山》获得了第78届奥斯卡金像奖最佳导演、最佳配乐、最佳改编剧本3项大奖。在李安成功的背后，有一位默默支持他的妻子林惠嘉。李安笑称自己是"妻管严"，他这位大导演是被妻子"调教"出来的。

李安1954年出生在台湾一个知识分子家庭，19岁考入台湾艺专戏剧电影系，21岁赴美国留学，进入伊利诺大学学习戏剧导演。

1978年的一个夏日，李安参加留学生聚会，认识了台湾留学生林惠嘉，她与李安在同一所大学攻读生物学硕士。随着频繁的交往，他们相爱了。1983年，他们携手步入了婚姻的殿堂。1984年，李安拍出了毕业作品《分界线》，此片获得了纽约大学生电影节金奖作品奖和最佳导演奖，李安也顺利地拿到了硕士学位。

但李安却找不到适合美国的剧本，他只好每天把自己关在家中，看书、看碟、写剧本。那时，林惠嘉的工作是做药物研究员，薪水并不是很高，两个儿子也相继出生了，家里的经济显得非常紧张。为了多挣钱，林惠嘉总是申请加班，自己省吃俭用。

李安不想看到妻子这么辛苦，便想出去打工挣钱。妻子对他说："我们是夫妻，我为你做这些是心甘情愿的。我相信你一定能成功的，绝不能放弃啊！"

有了妻子做坚强的后盾，李安全身心地投入到了创作中。1990年，李安经过六年的思考、沉淀、创作，终于完成了反映文化差异的喜剧剧本《推手》。该剧本获得了台湾优秀剧作奖，李安得到了40万元的奖金，并赢得了执导这部影片的机会。

1992年，影片《推手》获得了金马奖最佳导演等八个奖项的提名，并获得最佳男主角、最佳女主角及最佳导演评审团特别奖，亚太影展最佳影片奖，李安一举成名。接着，又陆续导演了与《推手》并称"父亲三部曲"的《喜宴》《饮食男女》。《喜宴》获得了柏林电影节金熊奖、西雅图电影节最佳导演奖，《饮食男女》更是获得了奥斯卡最佳外语影片提名。

李安终于在国际影坛占据了自己的一席之地，他内心非常感激妻子。每次获奖后，他都郑重地将奖杯递到妻子的面前说："这奖杯属于你，谢谢你！"

看到李安整天被鲜花、掌声、荣誉包围，林惠嘉把李安摆在家中的各种奖杯收了起来。

李安明白了妻子的良苦用心，如果换了别的女人，可能巴不得到处炫耀呢，而妻子是那么的睿智，知道怎样才是对丈夫最好的帮助。他对妻子说："我知道自己该怎么做了，我一定会给你捧回一座奥斯卡金像奖的。"

1995年，李安执导了第一部英语片《理智与情感》。由于是第一次执导英语片，李安心里很没有底。林惠嘉在百忙之中认真通读了原著，以一个女性的视角给李安提了许多建议。晚上，他们经常会讨论至深夜，李安从妻子那里得到了很好的启发。该片获得了奥斯卡最佳影片提名、柏林电影节金熊奖等奖项。接着，他又陆续拍摄了《冰风暴》《与魔鬼共骑》两部英语片，获得了诸多奖项，奠定了他在好莱坞A级导演的地位。

1999年，台湾中影公司总经理徐功立力邀李安执导武侠片《卧虎藏龙》。李安从未导过武侠片，林惠嘉鼓励他说："谁都有第一次，你不尝试，怎么就认定自己不行呢？我相信你，你能行的。"林惠嘉还特意找来了大量国内外的武侠片，陪着李安一起观看，边看边把自己的想法记下来。

李安投入到了紧张的准备和拍摄中，为了不让他分心，林惠嘉承担起了全部的家务。李安到大陆拍摄后，她更是几乎天天给他打电话，除了嘱咐他要注意身体外，还听他倾诉遇到的不顺心的事，然后耐心地帮他化解。

1999年夏天，林惠嘉利用假期带着两个儿子从美国飞到大陆去探班。

《卧虎藏龙》大获成功，在全球得到了2.28亿美元的票房。2001年，该片获得了第58届金球奖最佳导演奖、美国导演协会奖、第73届奥斯卡金像奖最佳导演提名奖等奖项。在金球奖颁奖典礼上，当李安接过最佳导演奖时，激动地说："此时，我的惊喜之情难以形容。我要感谢我强悍的太太，她是《卧虎藏龙》里除了碧眼狐狸之外所有女角的典范……她虽然没有女主角俞秀莲漂亮，但有她的坚毅，并有玉娇龙离经叛道的个性，没有她我今天不可能站在这个领奖台上。"

《卧虎藏龙》的成功，让李安名声大振，他被更大的荣誉包围了。

他整天都忙于应付采访、做节目及各种活动的邀请，时间安排得满满的。林惠嘉和他郑重地谈了一次话，她对丈夫说："你的理想是什么？是获得奥斯卡金像奖的最佳导演奖。现在，你还没有达到目标，再这样下去，你就无法兑现对我的承诺了。"妻子的话让李安深深触动了，他觉得妻子总能把事情看得很透，分析得很到位。

为了兑现对妻子的承诺，李安开始了新的探索。2002年，他执导了耗资1.5亿美元的科幻片《绿巨人》。影片上演后，虽然票房不错，但却招来了一片骂声。许多媒体都对他冷嘲热讽，说李安根本不会拍科幻片，拍得四不像。

一直顺风顺水、生活在荣誉赞美中的李安，一下子被击蒙了。看到丈夫丧失了自信，林惠嘉非常焦急。她找来了大量的评论文章，将肯定李安的报道一一剪下来。为了让李安心情好起来，林惠嘉拉着他去旅游、散步，甚至拉着他一起去买菜，一起下厨房。她不断地鼓励他，让李安终于从低迷中走了出来。

经过两年的等待、寻觅，李安终于等来了《断背山》。为了力挺丈夫，在《断背山》召开新闻发布会时，一向不爱出头露面的林惠嘉带着两个儿子出现了。

《断背山》倾注了李安全部的心血。2005年9月，《断背山》获得了第63届威尼斯电影节金狮奖，紧接着又获得了第63届金球奖最佳影片和最佳导演奖。2006年3月，《断背山》获得了第78届奥斯卡金像奖最佳导演、最佳配乐、最佳改编剧本三项大奖，李安成为第一个获得奥斯卡最佳导演奖的华人导演。

2007年4月，李安当选为美国《时代》杂志2006年度的风云人物，位居娱乐界之首。2007年9月初，李安导演的《色·戒》又获得了威尼斯电影节金狮奖。而李安现在对荣誉已经看得很淡了，他说："我最盼望的就是能和妻子在一起，被她调教，那真是一种幸福。"

因此，一个人要想使自己的人生幸福和事业成功，就必须好好地对待自己最可靠和最坚定的人缘资源——爱人。

同学：最纯洁的友谊

一转眼，姜雷已经毕业四年多了，在三年的东奔西跑之后，终于在北京某公司做了一个业务员。这年7月，他奉命去上海联系一项业务，到了那儿以后才发现，对方公司的客户经理汪某正是自己的大学同学。姜雷很高兴，心想看在老同学面上，对方怎么也会照顾着点。谁知汪某对他却并不热络，根本没有一点照顾他的意思，这让姜雷又怨又气。两个星期后，姜雷回到了北京，逢人就说同学关系靠不上，他不知道汪某也在对别人说"就是一个大学同学，毕业以后从来都没跟我联系过，要办事时想到我了！我又不是垫脚石，用得着时搬过来，用不着就踢过去！"

姜雷平时不注意维护同学关系，结果在需要同学帮忙时碰了钉子。这并不奇怪，你与老同学在分开后不相来往，有事时再去找人家，人家怎么会乐于帮忙呢？同学关系是朋友关系中最重要、最得力的一种，所以平时你一定要注意与同学保持联系、密切往来，这样在你需要的时候才能借上力。

有人说："同学之情只有几年，一旦缘尽则情尽，没什么可值得留恋的。"

这其实是很错误的想法，要知道，大千世界、茫茫人海，既为同学，实是缘分不浅。虽相处时间不长，但这中间的关系值得珍惜，值得持续下去，这不是多此一举，而实属必要！当你与同学分开后，还能保持一种相互联系、愈久弥坚的关系的话，那对你的一生，或者说对你将来所要达到的目的与理想是会有很大好处的，这其中的有利方面，也许是你所未想到的。

三国时蜀的创建者刘备有这样一个小故事。那是刘备还在读私塾时，由于刘备讲义气、聪明，因此成了同学中的头儿，在这几年中，他经常帮助其他同学，与他们的关系处得非常好。后来长大了，大家都有自己的道路要走，刘备与这些要好的同学也就各奔东西了。

但是，虽然大家分开了，刘备却很注重经常与同学保持联系。其中有一位叫石全的人，是刘备读书时最合得来的朋友，他不再读书后，仍回家继续侍奉自己的老母亲，靠打柴、卖字画为生。刘备不嫌其清贫，经常邀请石全到他家做客，共同探讨天下形势，这样的聚会每次都很成功，刘备与石全的关系也在不断地加强，情若手足。

后来，刘备为了实现自己心中宏伟的目标，就带起了一支队伍参加了东汉末年的大混战。初时，刘备军事实力很小，不得不依附其他人。在一次交战中，刘备所带的军队被全部歼灭，只他一人逃脱，被石全给藏了起来，逃过了一劫。

可见，同学关系有时在很危急的关头能帮上大忙，能起到排忧解难的作用；但是，一定要记住的一点是，这中间的好处是来自于自己的努力。如果在你与同学分开之后并没有经常性的相聚，那关系之好从何谈起？从中受益则更是一纸空文了。

那么怎样正确处理同学关系呢?

要保持良好的同窗友谊,你必须跟你现有的同学们经常保持联系。有空就给远在异地的同学们打打电话,通通信,询问一下对方近来的工作、学习情况,介绍一下自己的情况,互相交流一下。这是很有必要的,这点时间绝对不能节省。碰上同学们的人生大事,如果有空最好参加,如果实在脱不开身,也得写信或托人带点什么,不然,怎么算得上同窗情谊?

对方有困难的时候,更应加强联系。而当听到同学家人生病或遇上不幸的事,应马上想办法去看看。平日尽管因工作忙、学习重没有很多时间来往,但有困难时鼎力相助或打声招呼,才显出你们间的深厚情谊来。"患难朋友才是真朋友",关键时刻拉人一把,别人会铭记在心。

另外,常常保持联系对你自己会有许多好处。和同学经常联系、谈心,一旦你碰上什么事情,如找工作、找对象等,听听同学的意见,或者找他们帮忙,对你是直接或间接的帮助。如果平时没有联系,有困难时找上门去,别人是不会帮助的。

朋友间交际的一个重要原则是,通过多次见面和接触来加深相互关系。原则上要求和对方直接接触,只要有见面的机会,就应该积极和对方接触。遇到到某地旅游,可以去找找当地认识的同学,遇到去同学公司附近的地方出差的机会时,最好去见见对方,加深双方之间的关系,哪怕只有短短的五分钟。除了运用这种直接接近对方的方法外,有时利用书信等方法也能起到出乎意料的效果。

不管是不是星期日还是节日,看准对方不在家的时候去拜访他,不失为一种间接接近对方的好方法。

"我在附近有点事,顺便过来拜访一下。"说完,把在附近商店买的礼物拿出来送给对方家人，最好动作迅速点，节省时间，然后托对方的家人转告："上次托我办的事，我正努力办，我一定会竭尽全力按期完成。"拜访结束后应尽早把事情进展情况向对方汇报一下。拜访时，无论对方家人多么客气邀你喝茶，你都不应坐下来当真喝起来，因为你的拜访只是一种表示敬意的形式。再者如果时间太长，会被对方家人看出是有意而来，所以必须在短时间内结束拜访。用间接方法给对方赠送礼品的时候，不要直接寄到对方的公司，最好寄到他家里。一定要千方百计弄清对方的住址，如果可能的话，还可以给对方同学的妻子赠送她喜欢的礼品。这样可以给对方留下好印象，也可以间接赢得对方的信赖。

谁没有几位昔日同窗，说不定你们当年纯洁的友谊还存留在他们的记忆中，千万不要把这种宝贵的人际关系资源白白浪费掉了。从现在开始，你就要努力地开发和使用这种关系，这样你的人缘会越来越好。

朋友：人缘的基础

古言道："万两黄金容易得，知音一个也难求"，"能得一知己，死而无憾"。鲁迅先生也发出感慨："人生得一知己足矣！"都是说明知己朋友难觅。这样是不是因此就要少交朋友了呢？或者一味强调交友的审慎，认为这个也不可靠，那个也信不过呢？当然不是，人既然生活在大千世界之中，处在各种社会关系之中，交友是必然的，不但要有生死与共、患难不移的朋友，也要善于和有这样那样的缺点错误甚至是反对自己的人交朋友。

广泛交友、同心同德、和平共处，是恢复人类本性的具体象征。而谈到兄弟般的友谊，则是男性交往中最亲密的形式。它经受了严峻的考验之后，便有着坚实的基础。它具有亲密的兄弟之情和友爱的同胞之谊。任何一方都可以己之长，对另一方进行不客气的指导和批评，也由衷地为对方的进步和成功而欢欣鼓舞。当一方感觉不适，举止失当，或感情脆弱时，则马上从另一方得到同情、忠告和鼓励。对方则立刻会冷静下来，仿佛注入了新养料和血液。无论在物质上，还是在精神上，知己朋友都能够同甘共苦。朋友之间不存在任何形式的竞争，一个人的成功，就是两个人的胜利。

当今为人处世者既要广泛交友，又要慎重选择。如何做到这一点呢？正如鲁迅先生曾经说过："我还有不少几十年的老朋友，要点就在彼此略小节而取其大。"略小节，取其大，就是不斤斤计较，而要从大处着眼。看人首先看大节，不是盯住对方的缺点错误不放，而是用发展的、变化的眼光看人。如果不能略其小，取其大，就不能与人为善，也就不能全面地、客观地评价一个人，就可能一叶障目，不见泰山，就可能把朋友推开，就可能得不到真正的友谊。

唐代画家吴道子出身贫寒，后被唐明皇召入宫中做供奉，与将军裴曼、长史张旭结交为友。在洛阳，裴曼请吴道子到天宫寺作画，并厚赠金帛，吴道子婉言谢绝，只求观赏裴曼的剑术。于是裴曼拔剑起舞，吴道子"观其壮气"奋笔挥毫，写出了绝妙的草书。这真是他山之石，可以攻玉。广泛结交不同身份、不同职业、不同爱好的朋友，有时也能相得益彰。

朋友间不应以金钱财物为重，而要以道义相交、气味相投、志趣相通为重。朋友间还应抛弃庸俗的恶习，不要把友谊沉浸在利己主义的杯水中；让友谊的春风扫荡掉那些阴霾污浊之气，将清新自然吸进每个人的心田。

亲戚：最具亲密性的人缘

俗话说，"是亲三分向"。亲戚之间大都是血缘或亲缘关系，这种特定的关系决定了彼此之间关系的亲密性。这种亲属关系是提供精神、物质帮助的源头，是一种长期持续、永久性的关系，是一种客观存在。因此，人们都具有与亲属保持联系的义务。在平常保持好亲戚关系密切，在困难时期，求助亲戚才最有利。

亲戚"不走不新"，"常走常新"，这是中国人一贯的观点。只有经常的礼尚往来，才能沟通联系，深化感情，密切亲戚关系。

有人说："我不缺吃不少穿，亲戚间何必要常联系找麻烦呢？"此话不对，纯洁挚密的亲戚关系是一种人情味较浓的人际关系，不能蒙上庸俗的面纱。只有在亲近、挚密、常联系的基础上，才能建立真诚的关系；如果彼此间少了经常性的走动，那就可能会出现"远亲不如近邻"的局面了。

"常来常往"，首先表现在一个"往"字。这个意思就是说自身要发挥主观能动性，经常到亲戚家走走、看看，聊聊家常，联络联络感情，这样是非常有益的。

常"往"对于亲戚关系非常重要，但有一点，就是千万不可有贫富贵贱之分，也不要因为自己的地位较高而不常"往"亲戚家。否则，亲戚就会对你冷眼相待，那时再想搞好亲戚关系，就难上加难了。

亲戚与亲戚来往，除了一个"往"字，还要一个"来"字。它的意思是除了经常到亲戚家走动外，自身也要经常性地邀请亲戚们到家里做客。利用自己的空间与亲戚联络感情，做一回主人，热情款待他们，让他们有一种自己家的感觉，那么时间一久，亲戚之间的关系会处得异常融洽。

也许，就是如此平常的"常来常往"，才会在以后的关键时刻，得到亲戚的一臂之力。所以，不要以为"常来常往"是没用的，不必要的，无论从哪个角度来说，于情、于理都要掌握运用这个技巧。

老乡：一种很重要的人际关系

中国人有很重的乡土意识。住在某一地区的人们往往会受那个地区环境的影响而形成具有地方特色的风俗习惯、礼仪人情，从而孕育出绚丽多姿的中国各民族、各地区的特色文化，其中包括语言、服饰、生活方式等等。各地区的文化往往成为那个地区人们生命力、凝聚力、亲和力的纽带。

当你身处异地，忽然发现自己土生土长，萦绕在耳边十几年的方言和交往方式失去了交流的功能时，你才会深刻体会到自己处在一个完全陌生的城市，再也不能用以前的那一套去和周围的人相处了。这时，你必须"脱胎换骨"。

　　"美不美，家乡水；亲不亲，故乡人"，当我们在异地碰上老乡时，共同的乡土文化会立刻把我们靠拢在一起。用自己的方言谈起家乡的山水人物，那是多么美好的交流时刻！所以，利用老乡关系建立人缘是很自然的事。

　　在某种程度上来说，乡情本身便带有"亲情"性质或"亲情"意味，故谓之"乡亲"。正如费孝通先生在《乡土中国》中所言："每一家以自己的地位做中心，周围划出一个'圈子'。"这个"圈子"，可以说是街坊、邻里，还有亲属；扩大一点，就是"步里"；再扩大一些，同一县，甚至同一省，都是老乡。"老乡见老乡，两眼泪汪汪"，感情自然非比寻常。

　　因此，中国的老乡关系是很特殊的，也是一种很重要的人际关系。

　　如此看来，如何搞好老乡关系是非常重要的，不仅可以多几个朋友，最重要的是可以获得许多有用的东西，也许一辈子都会受益无穷。既然同乡观念在人们头脑中根深蒂固，足以影响一个人的发展前途，那么我们在日常交往中就不可忽视它。

　　当今社会人口的流动性很大，许多人离开家乡到异地去求职谋生。身在陌生的环境里，拓展人际关系有一定的难度，那就不妨从同乡关系入手，打开局面。

　　在外地的某一区域，能与众多老乡取得联系的最佳方式当然是同乡会。在同乡会中站稳了脚跟，跟其他老乡关系处得不错，那就等于交结了一个关系网络。也许有一天，你就会发现这个关系网络的作用是多么巨大，不容你有半点忽视。

　　所以，结交好老乡关系，对于帮助我们办事，作用不可低估。

上司：决定你前途和命运的人

在一个单位里，与上司关系融洽，对你的身心和前途有极大的影响，所以你要学会与上司相处的艺术。

恰当处理与上司的关系，能博得上司的好感、赏识和帮助，有利于自己做好工作，取得进步。那么，怎样处理好与上司的关系呢？

1. 虚心请教。

当上司取得了丰功伟绩的时候，他周围有的是赞美声和一张张笑脸。作为下属的你如果也去这么做，就不会引起上司的特别注意。因此，明智的做法是虚心请教。你可以恭恭敬敬地掏出笔记本和钢笔，真心诚意地请他指出你应该如何努力，也可以谈论上司值得骄傲的东西，向他取经。这样做会引起他的好感，使他认为你是一个对他真心钦佩、虚心学习、很有发展前途的人。

2. 热心帮助。

上司也有上司的苦恼，他们可能会因为工作头绪繁多而忙得焦头烂额，可能会因为事业发展阻力太大而停滞不前，可能会因为家庭纠纷而沮丧不已。大多数下属遇到这种情况会表现出逃避的姿态，他们觉得上司办不了，自己也帮不了。其实，只要你说出一句"我来帮帮你"的话语，上司就可能感激不已。

3. 真心仰慕。

有的上司公心很强，即使是对自己的至交、亲戚，在生活上可以互相帮助，但在工作上却与其他下属一视同仁。他们对于下属，不论是谁，有功绩就奖励，有过失就惩罚，决不颠倒是非，不分黑白。对这种类型的上司，要真心仰慕，除了处处尊敬、维护外，还应和他保持经常的联络。这种上司往往认为自己的做法是正确的，但一些亲朋好友却不理解，他们经常会感到寂寞。因此，作为下属的你就要多和他联系。当面汇报也好，电话请示也好，平时探望也好，都会使他高兴。如果你这样做了，并且不存偏见，那一定会得到很大的益处。

4. 找准恭维点。

有些上司自恃头脑聪明，交际广泛，或者背景深厚，往往认定自己是一个了不起的人物，从而趾高气扬，骄傲自满，甚至目空一切，飞扬跋扈。对于这样的上司要适度恭维。由于他们喜欢旁人对他歌功颂德，反感对其批评指责，甚至厌恶那些对他们的"功""德"毫无反应的人，所以，对他们不恭维不好，恭维过度也不好。所以在恭维时，要找准确实需要增光添彩的"闪光点"，人都是有优缺点的，最好郑重地讲给第三者听。这样，不管是当着上司的面，还是在上司的背后讲，都能起到很好的效果。

5. 积极靠拢。

有的上司在官场上一帆风顺，他们从一个级别晋升为一个较高级别，甚至越级提拔，往往只用了很短的时间，他们之所以提拔快，往往是因为有着与众不同的优势，或者能力特强，或者功绩卓著等等。他们对待下属往往有这样的心理：一是敢于提拔，二是乐于提拔，三是对于需要提拔的下属也有苛刻的要求。因此，对这类上司要积极靠拢，诚恳地和他们做思想上的交流，认认真真地执行他们所作出的决定，严格地按照他们的要求去办事。

6. 心怀崇敬。

有的上司对部下要求非常严格，一旦发现下属存在缺点，就会对其毫不客气地批评指正，甚至一点也不照顾下属的面子。对于这样的上司要心怀崇敬，不可因为受到批评，包括不公正、不合理的批评，而对上司心存不满。如果误解了上司的批评，就等于把"宝石"当成了"石头"。心怀崇敬，就是要觉得上司是非常高大的人，是值得尊敬的人。这样在与上司的相处中，一定会让上司感到高兴，一定会让自己得到益处。

7. 拥护尊重。

有些上司能力平平、成绩寥寥，没有引以自豪的地方。但不要因此认为这样的上司就是不中用的人，他一定是有某种优点，所以他的上司才会提拔他。总之，不论他是否值得你敬佩，你都必须拥护他。这种类型的上司心里，会强烈地希望得到部下的拥护。如果下属们能够对外宣传上司的优点，一旦风声传到了他的耳中，他就会更严格地要求自己，更加关心部下。

8. 周到加细致。

有的上司人情味很浓，他们能够想到下属的孩子该上幼儿园了，从而悄无声息地为其办好入托手续；他们能够体察到下属的家务会很繁忙，从而坚决地让下属回家料理家务，而由自己承担沉重的工作任务。人情味浓的上司心思细致，在他们手下工作要周到细致，与其相处不可忽视每一个细节，不可少做每一件应该做的事。这样长久下去，不仅会使自己的素质得到很大的提高，而且也会得到上司的称赞。

客户：企业生存的基础

客户是企业存在的基础，如果失去了客户，企业就无法生存下去。每一个现代企业都已经意识到了客户的重要性，与客户建立友好的关系可以说关系到企业的生存成败。满足客户的需求和期望是搞好关系的前提要与客户建立友好的关系，就应该把满足顾客的需求和期望放在第一位。客户满意是客户对其要求已被满足的程度的感受。客户抱怨投诉是一种满意程度低的表达方式，但没有抱怨也不一定表明客户很满意。即使规定的客户要求符合并满足客户的愿望，也不一定就能确保客户很满意，因为客户满意是通过对产品的可感知的质量与他的期望相比较后形成的感觉。只有当客户感受到的质量满足或超越了他的期望值时，客户才会感到满意。对客户投诉处理的态度也是能决定客户满意与否的因素之一，质量总是有波动的，一旦发生了质量问题，遭到客户的投诉，如果企业能及时查找原因，并采取纠正预防措施，那还是能得到客户满意的。

为更好地服务于客户，企业应当对客户信息进行有效管理。为了解客户对企业的满意程度，以确定持续改进的方向，从而更好地服务于客户，企业要定期对客户进行满意度调查，满意度调查的内容可包括产品质量、服务质量、交货期、产品价格等方面，并可征询客户对企业与同行竞争对手之间的感觉，向客户征求要求企业改进的建议。对各客户返回的满意度调查表，要进行统计分类，对不足的地方，要寻求改进的方法，做得好的地方，要继续保持。只有树立以客户为中心的理念，不断满足客户的需求，并争取超越客户的期望，对客户反馈的信息进行有效管理，从而取得客户的信任，才能赢得客户的满意，获得更大的利润。

在高速发展的今天，行业之间的竞争日趋激烈，企业只有通过严格的管理，提供令客户满意的产品和服务，才能使自己从众多同行中胜出，获得更大的利润。

为增强客户的满意，同时根据市场和客户的要求，不断提出新要求并持续改进，使企业的内部管理和产品质量不断进步，同时向国际先进的同行企业学习，并逐步缩短差距，最终提高企业的整体竞争能力，赢得更多客户，获取更多利润。

处理好与客户的关系，通过确定与自身资源、能力相匹配的客户需求定位，然后采取措施向客户提供定制化的产品和服务，从而在创造客户价值的增值中，保持与客户的长期友好关系，使企业获得源源不断的利润。

同事：对工作和生活有益的人缘

在三角债严重时期，有家公司欠一家工厂的一大笔资金迟迟不还，工厂几次派人交涉都无结果，后来使出"撒手锏"——把人缘好的人事科长魏某用上。

魏某先不着急去找欠债公司的经理刘某，而是打算先与对方建立私交。于是他多方了解刘某的年龄、性格等等，得知刘某并非还不了钱，而是希望拖延一天是一天，不想那么快还钱；刘某的儿子刚考上重点大学，刘某爱好广泛，特别喜欢书法，而且造诣颇深，在刘某家里还挂着他自己写的一些字画。魏某得知这些情况后，对催债成竹在胸，已有全盘统筹规划。

魏某打电话与刘某约定某日晚上将登门拜访。魏某如期赴约，来到刘家就嘘寒问暖，极其热情，似乎久别重逢，他乡遇故知。落座后，魏某只字不提债务，反而和刘某聊起了家常，问及家中儿女几个、现在境况如何，刘某一一予以回答，当说到儿子刚考上某重点大学时，刘某脸上泛起了层层笑意。这怎能逃过魏某锐利的眼睛。魏某说自己也有一个儿子，快高三了，可惜不成器，学习不好，魏某言语间流露出对刘某有如此上进的儿子的羡慕之情，并耐心向刘某讨教如何教育子女的方法。刘某对此深有感触，侃侃而谈，极尽父母对儿子的拳拳教诲之心和望子成龙的期盼，魏某不时对刘某的某些观点表示赞同，大发感慨。魏某似乎不经意地抬了一下头，盯着墙上的书法，口中赞叹了几声，然后转过头来问刘某，这是谁的墨宝？刘某连说："过奖过奖"，这是他自己的作品。魏某又夸了几句，便说自己也酷爱书法，想请刘某指点一二。刘某看来了同行就更来劲了。两人愈谈愈投机，感情升温。在适当的时候，魏某委婉地说工厂目前十分困难，请刘某考虑一下债务问题，刘某欣然同意。第二天，魏某得胜回朝，追回了巨额的欠款。

魏某把对方当成自己的朋友，在广泛而亲切的交谈中，很自然地得到了对方的支持，达到了自己的目标，在今后的工作中，说不定还多了一个可以信赖和依靠的好朋友呢。其实工作中也可以建立私人友谊，那样一来不但能够避免尴尬生硬的工作场面，还能够在松弛的状态下拉近彼此的距离，对提高你做事的效率大有帮助。

一位刚刚调换到新部门供职的年轻人很希望一开始就同他的新上司

搞好关系，于是频频拜访之。不料新上司由于同年轻人的旧上司关系不好，由此"厌乌及屋"，每次都借故避而不见或只是打哈哈，不肯放松谈话的语气。有一次年轻人注意到上司挂在衣架上的明尼苏达垒球队的帽子和办公室周围摆设的这个球队的衣服和用品，他便决定冒险一试。

"我必须给你看一样东西，你会认为值得的。"他对上司说，并站起来，伸手到腰间抓住短裤的弹性腰带，并解释这是女朋友送的礼物，他把它拉出来足以让上司看到那上面印着的明尼苏达垒球队的商标。两人大笑起来，轻松下来开始谈垒球，两人融洽起来。从而使谈话变得相当愉快，且有收获，年轻人也得到了好处。

你的生活和工作息息相关，从你步入社会的那一天起，大多数时间都要与你的同仁共同度过。与他们中的一部分建立私交，成为你特殊状态下的特别朋友，无论对你的事业、工作还是生活都是极其有益的。

因为一些个人的经验和情感是普通人共有的，不管你拥有什么头衔或者挣多少钱，从个人角度来说，大家相似之处实在多于相异的事。如果你能记住这点并从这个角度与人们建立关系，那么你会发现：

首先，人们对你的感情会更有利于你。因为大家没有想到你会指出你和人们的共同点并把你个人的情形告诉他们，大家在惊奇之余也感到高兴。他们马上感到与你很近并且乐于接受你告诉他们的一切。

其次，人们对你会更开诚布公。你的开诚布公也使他们有信心和勇气表露他们自己。当你继续做这样的人际关系的沟通时，你肯定会发现大家有更多的共同基础去建立一种积极的工作关系。

第三，你不仅了解他人也更了解自己。当你从他人口中听到与自己一样的想法，了解到别人也有同样的感情或有使你遭遇挫折的同样问题时，你所产生的情感是极少能与之相比的，你马上就与他有亲近感——比如你听到对方说："我是世界上最幸运的。"这正是你自己常说的话，这时你对他的亲近感就产生了。这些见识也帮助你在个人和事业上更好地成长和改进。

第四，建立信任。人们跟随和支持他们所信任的人，而一个表现出有人性的、可亲近的、不在意人家知道自己短处的人，会为大家所更信赖。你的下属、同事和上司不会因为你的角色、地位和头衔而信任你，但却会因你让他们看到真实的你和你对他们的兴趣而逐步信任你。

"朋友多了路好走"，在工作中也是如此。如果你能在工作中与同仁建立起良好的人际关系，对你的个人发展将是非常有益的。不过你应该注意的是在工作中建立私交要把握分寸，千万别因私废公。

近邻：近在咫尺的人际关系

有一位老作家，独住高层，一天不慎在客厅中摔倒，无法动弹。他急中生智，用手中的茶杯拼命敲击水管，终于惊动了楼上的一位小伙子。小伙子跑下来一看，连忙叫了救护车把老人送到医院。老人病愈后和小伙子结成了忘年之交。在这个小伙子的帮助下，老作家在两年以后又出版了一部著作，而小伙子也在老作家的影响和帮助下发表了很多文章。诚然，在我们日常生活中，这种特殊的情况并不多，但邻居往往能在一些紧急情况下向你提供必要的救助。所以我们一定要正确处理邻里关系，与邻居和谐相处，构筑良好的人际关系。俗话说"远亲不如近邻"，其意如此。在当今实际看来，在单位，与上司、同事接触；回家后，自然要与邻居、家人相处。

邻里关系也是一种重要的朋友关系，除了属于自己的那个温馨小家，邻家即成为我们必须接触的最早单位。

亲戚之间，相连的是血缘关系。而邻里之间，没有固定联系因素，只能靠自己掌握合适的度，去把握好关系。而我们也常常发现，人缘好的人，邻里关系也一定很好。

邻里"近在咫尺"，他们的适时帮助，体贴照顾，能解燃眉之急，这是最大的优点。孩子的成长需要适当的环境，而邻家善良可爱的孩子可以成为他儿时亲密的小伙伴。

有一个好邻居，就能使自己多一位良师益友；有一个好的邻里关系，更能让自己受益无穷。孟母择邻，其意正是如此。

在如今钢筋水泥的建筑中，人们也不得不去重视这种和"良师益友"的关系。

可以说，掌握一定的技巧，做一些该做的事，把握邻里关系就会轻而易举了。

有许多人的行事原则是"各人自扫门前雪，不管他人瓦上霜"。这样一来，既不得罪别人，也把自己的事处理得井井有条。可是，既然自己有余力，何不多扫几处雪？

天地之间，人们互相依存，必然少不了交往。面对现实，我们仍然要与社会相融，注重人际关系已成为现代人发展的必然趋势。

那么怎样正确处理邻里关系呢？

1. 距离产生美。

邻里之间要注意保持一定的距离，每家都希望有一个独立自主的空间，所以邻里间的交往必须有一定分寸，也就是保持一定距离，不要接触得过多。保持距离也省去了由于交往过密所带来的副作用。交往愈深，需要付出的精力和时间就愈多。现代人的生活时间非常有限，一天的时间安排好之后，便不能被别人打乱。与邻居聊天虽然可以放松一下、交流交流感情，可一天的计划也就全泡汤了。有一些人，如记者、作家、画家，他们都认为时间很宝贵，所以不要无故找他们聊天。

另外，邻里间不要对别人的私生活说三道四，邻里关系再亲密也只有分享友情的权利而绝没有"干涉内政"的权利。如果你不小心得知了邻居的某些隐私，此时也只有三缄其口，千万别为一时的嘴上痛快，把邻里的隐私当成搬弄是非的材料。所以邻里间都不互相打听人家的私事，也不传播这一类的信息，这样大家会相处得更加和睦。

保持距离也可以使邻里关系富于弹性，说得来便可多谈一会儿，说不来彼此客客气气也不失一种礼貌。这种亲疏有别、进退自如的邻里关系倒正好给我们提供了更广阔的交往天地。

2. 交往礼为先。

邻里间的交往不像在生意场合或其他正式场合，并不需要处心积虑地注意许多问题。人们在一种自然、淡泊的交往中感受到轻松悠闲的生活乐趣，所以在这种交往中礼貌显得格外重要。

邻居本来是素不相识的陌生人，见面时彬彬有礼地打个招呼或大家点头微笑一下，是最能消除陌生感的方法。大家共同出入一个院门，如果碰到邻居却昂头而过，旁若无人，相信邻居心里未必舒服。你不理别人，别人也不会去巴结你，谁知道你心里在想什么呢？遇到这种情况时，只要有一方稍微主动点，说上一句"下班啦"或"要出去啊"，就可以打破这种局面。一旦打破了，双方的交往就会从此开始，关系就会从此好起来。

邻里交往不需要考虑财势、地位。大家既然居住在一起，见面都是好邻居，谁也不比谁高，谁也不比谁低。只有平等相处、互相礼让、尊重他人才能得到他人的尊重。所以说和谐融洽的邻里关系，是从你对别人第一声问候开始的。

3. 多帮邻居好处多。

生活中，许多公共利益需要大家来共同维护，如卫生、消防、绿化等等，你多做点也没有什么害处，不要斤斤计较。

生活中总有一些事情不能用金钱利益来衡量。你多扫一次楼道，保持了环境的清洁，不要去算自己是亏了还是赚了，你只要做了就是赚了。谁都不能保证自己总是一帆风顺，邻里间有了困难要主动、热情地帮助，千万不要关起门来不理人。有时帮人不过是举手之劳，却能为邻居解决困难、减轻痛苦、减轻了负担，你不是也从中得到快乐了吗？只要邻里之间彼此携起手来，生活会变得更加美好。

4. 化戾气为祥和。

有时候邻里间少不了为些小事闹出点误会，处理这些事的最好的办法就是付之一笑，大事化小，小事化了。只有互相忍让，宽以待人，才能化干戈为玉帛，因为平和的日子比吵闹更重要。有一个小故事：胡、李两家相邻，虽然各自有一个洗手间，却共用一个厨房，胡家为省水费，就把洗碗、洗衣服什么的都搬到厨房里来做。而李家认为分担了胡家的水费，心中自然不平衡，便把拖布也拿到厨房里冲洗，一时间厨房里成了下水道，两家的关系也随之紧张起来。过了段时间李家想开了，不再为这点小事与胡家较劲，主动在自己的洗手间里冲洗拖布，胡家也自知过分，不再在厨房里洗太多东西，自此两家的关系又趋正常。有些人喜欢占点小便宜，其实大可不必与他们怄气。占小便宜的邻居也并非不讲理，只要你做得让他们感到惭愧，他们自然就知道纠正自己过分的行为。如果邻里间发生了矛盾，千万不要互不相让，需要讲清的事情，应平心静气地坐下来协商，在交换各自的意见后共同商讨如何解决。如果已经发生了争吵，伤了和气，也可以主动寻找机会向对方道歉，消除成见、化解矛盾。只要你先让步，邻居自然会有所反应，因为他也像你一样渴望和睦平静的生活。

邻里之间，低头不见抬头见，如果处理不好邻里关系，两家打来骂往，谁也过不了舒心的日子。所以，我们一定要正确处理邻里关系，彼此真诚相处，和和气气，这样你不但能拥有祥和宁静的生活空间，而且遇到急难之时，邻居说不定还能助你一臂之力。

下属：自己的得力助手

某知名广告公司老总郭某是个惜才爱才的人，他手下有二十几名杰出的广告设计人员，而且这些设计人员对郭某忠心耿耿，拼死效力。那么郭某为什么有这么强大的凝聚力呢？用员工的话说就是"郭总有情有义"。从小蒋的经历就可以印证这一点。小蒋是某大学广告设计专业的高才生，遗憾的是在毕业前夕，因醉酒和同学打架而被学校开除。这样一来，小蒋虽有满腹才华，但因为没有毕业证而在人才市场上备受冷落。但他的设计作品却打动了郭总，他破格将没有毕业证的小蒋录用了，还委以重任。小蒋也决心好好努力回报郭总的信任，但由于缺少经验，他的设计出现了一个致命性的失误，给公司造成了很大损失，小蒋惭愧地向郭总递上了辞职信，但郭总却好言相慰，将他留下来，依然信任他，这使得小蒋万分感动，工作起来更加卖力。现在小蒋已经成了广告界有名的设计师，有几个公司曾以重金来挖小蒋，不过小蒋却不为所动。正是有了小蒋这样忠诚的员工，郭某的事业才越做越大，越做越红火。郭某之所以能成功，就是因为他有一大批得力的下属；而他之所以会获得下属爱戴，还要归功于他的爱才、惜才，归功于他对与下属关系的成功处理。

"独木难成林"，一个人要想成功，就必须获得众人广泛的支持，"孤家寡人"在这个社会上是行不通的。

1923年，福特公司里一台新安装上去的大型电机不能正常运转，请来几位工程师都查不出毛病所在，眼看要影响整个生产计划了，福特很是着急。

这时，他的助手打听到有一位从德国来的移民科学家斯特曼斯对电机很内行，现在在一家小型工厂工作。福特急忙叫助手请来这位德国科学家。

斯特曼斯让电机不带负荷、空行运载，然后蹲在电机旁听了半天，又爬上电机听了半天，最后拿了一截粉笔，在电机的左边一小长条地方画了两道杠杠，对福特说："毛病出在这儿，多了16圈线圈，拆掉多余的线圈就行了。"

果然，照他讲的去做，电机正常运转了。古板而神经质的斯特曼斯提出要1万美元的酬金，人们这时又惊住了，人们怎么也不愿把16圈线与1万美金等同起来。

斯特曼斯面对生气的人们淡淡一笑，说："用粉笔画一条线值1美元，知道在哪里画线值9999美元。"

福特表示自己愿意高薪聘他来公司工作。其待遇之高令常人吃惊。但是，这位德国科学家却不为所动，他解释说："现在的公司对我很好，在我最困难的时候，这家小公司救了我，现在我不能背弃公司。"听了这话，福特更坚定了非要将这位不但技术高超而且又讲信用、重情义的人挖过来的决心。

福特到底是有超越常人魄力的企业家，为了一个人才，他竟花巨资将那位德国科学家工作的小公司整个买了下来。这一举动使他爱才之名远扬海内外，各处贤才闻讯纷纷前来投奔。福特公司选了一大批有用之才充实到各个部门。从此福特公司兴旺发达。

除了尽可能多地把能人拉到自己身边外，还要懂得惜才，这样才能使人才为你所用，全力支持你、效忠你。

金无足赤，人无完人。人才也会犯各种错误，这时作为领导者就要能够容短护短。所谓容短护短，就是根据领导管理活动的需要，在"伸缩度"允许的范围内，宽厚地容忍下属的短处，甚至适当偏袒下属。这样，既可以用他可用之处，又可以让下属感恩，成为你更坚实的依靠。

名扬古今的诸葛亮，不仅广揽人才、重用人才，还千方百计地保护人才。蒋琬就是在诸葛亮的精心保护、培养下，才逐渐成为蜀汉政权中重要的谋臣的。

蒋琬，三国时零陵湘乡人，字公琰。在刘备入蜀前，他只是一个州衙门里的小吏，做些缮写文书之类的事。刘备入蜀后，让他做了广都县令。他办事公正，勤勤恳恳，又颇为妥善，受到了同僚们的赞赏和百姓的拥戴，也引起了诸葛亮的分外关注。可是，有一次刘备因事到了广都县，蒋琬却因醉酒而未出面欢迎，不禁大怒，当即革职，并判其死罪。诸葛亮闻知，火速赶来，奉劝刘备说："蒋琬平时办事严谨，勤奋公正，且博学多才，有治理国家的本领。这一次，只不过是他偶然的过失而已。再说，蒋琬一贯以安定百姓为本，不善于官场上的迎来送往，不宜因为眼前这件事而判其死罪。"刘备一向对诸葛亮言听计从，而今见他如此表示，也便收回成命，赦免了蒋琬的死罪，但仍然罢免了他的官职。

不久，诸葛亮又把蒋琬扶持起来，并大力培养。蒋琬也发奋努力，精忠报国，对诸葛亮更是感恩戴德。后来，蒋琬做了尚书郎，还曾代理丞相职务。诸葛亮率师出征时，总是让蒋琬全权负责军需保障，而蒋琬也总能做到"足兵足食以相供给"，帮诸葛亮解除了后顾之忧。数年后，当诸葛亮六出祁山病危时，还特地给后主刘禅写信，称赞蒋琬的人品与才干，并提议在他死后，让蒋琬来接替自己的职位。刘禅遵照诸葛亮遗嘱，先是命蒋琬为尚书令，总理国事，次年又令蒋琬为大将军，录尚书事。蒋琬终于成为继诸葛亮之后的蜀汉政权的又一依靠。

当然容短护短也讲究方式方法的，在这方面，可以选择的方法很多，其中比较有效的是：

1. 当下属偶犯过失，懊悔莫及，已经暗地里采取了补救措施时，只要这种过失尚未造成重大后果，性质也不甚严重，领导者就应该佯作不知，不予过问，以避免损伤下属的自尊心；

2. 在即将交给下属一件事关全局的重要任务之前，为了让下属放下包袱，轻装上阵，领导者不要急于清算他过去的过失，可以采取暂不追究的方式，再给他一次将功补过的机会，甚至视具体情节的轻重，宣布减免对他的处分；

3. 护短之前，不必大肆声张，护短之后，也无须用语言来点破，更不要摆出施恩者的样子，让下属感激自己。唯有一切照旧，若无其事，方能收到施恩无痕迹的最佳效果；

4. 当下属在工作中犯了合理错误，受到更高领导的责难，处于十分难堪的境地时，作为他的上司，不应落井下石，更不要抓替罪羊，而应勇敢地站出来为下属辩护，主动分担责任，这样做，不仅挽救了一个下属，而且将赢得更多的下属的心；

5. 关键时刻护短一次，胜过平时护短百次，当下属处于即将提拔、晋级的前夕，往往会招致众多的挑剔、苛求和非议，这时候，就应该奋力抵制嫉贤妒能的歪风邪气，勇敢保护那些略有瑕疵的优秀人才。

一个人神通再广大，也无法事必躬亲，没有得力的人才相助，注定难以成功。所以，我们要像淘金一样去挖人才，挖得越多越好；要像爱惜手足一样爱惜人才，不为小过弃贤才。把人才变成你的朋友，这样人心才会向着你，有了众人的帮助，你也就有了迈向成功的法宝和靠山。

老师：值得珍惜的人缘资源

蒙代尔教授是诺贝尔经济学奖的获得者，在学术界备受尊崇。在一次采访中，蒙代尔表示对自己一生影响最大的是他大学时的一位教授，没有那位教授，他也就无法走到今天。年轻时的蒙代尔家境贫寒，好不容易才读到大学毕业，但蒙代尔还希望能够继续深造，可是他该选择哪所大学呢？为此，他去向三位教授请教，第一位教授建议他找一个有钱的女孩结婚，让妻子供他上学；第二位建议他找一所奖学金较高的学校学习，这样可以减轻他的负担；第三位教授直截了当地告诉他，选一所他最想去的，最能造就他的学校。最后，蒙代尔接受了第三位教授的建议，去了麻省理工学院，24岁时他已经成为经济学博士，并最终获得了诺贝尔奖。

如果没有那位教授的热心帮助，蒙代尔就很难顺利地走上诺贝尔奖的领奖台。可见，维系好师生关系，对一个人来说是非常重要的。老师了解你，教给你生活的本领，在必要的时候可以指点你、帮助你，所以如果你能理顺与老师的关系，那么你也就多了一分成功的助力。

学生在与老师相处时，一定要时时对老师表示尊重。尊师是一种美德，只有尊重老师，才能妥善地处理好自己与老师的关系，才能使老师器重你，才能达到你所要的目的。汉代张良就是因为具备尊师的美德，善于用"尊"字铺路，所以得到了《太公兵法》。

我国著名的"两弹"专家钱学森在赴美留学时，本身已具备了核物理知识的扎实基础，但他并不满足于以前所学的东西，而是继续从基础学起，始终保持着尊师的态度，从而得到了当时学校各位美国老师的一致好评，使他们抛弃了对中国人的歧视观念，一心一意地传授知识给钱学森。终于，钱学森经过自己不懈的努力和尊师的态度，处好了在特殊环境下的师生关系，并且达到了自己留学美国的目的。

我们一定要注意尊重老师，因为老师传授给你知识和各种本领，引导你走向一条通往辉煌的道路。所以于情于理在尊师问题上，你都应该永远注重。钱学森就是明白了其中的道理，所以才获得了老师的赏识，最终攀上了核物理学的高峰。

生活中，有不少人错误地认为，在学校时固然要注意同老师的关系，但出了校门后，这份关系就没什么用处了，因此也不必再与老师拉关系。其实这种想法是错误的，师生关系是一项重要的人际关系资源，说不定什么时候它就能给你带来意想不到的好处。

小蔡上学时是学校的活跃分子，跟同学、老师的关系都不错。毕业后，同学们各奔东西，彼此间的联系变少了，更是很少有人想起给昔日的老师打个电话、问声好。但小蔡却是个特例。毕业后他不但主动跟同学联系，还常回学校探望老师，与老师的关系反倒比上学时走得更近了。小蔡学的是师范英语，毕业后就在本地一所高中当老师，但是这样毫无新意的生活和他的个性并不相符，他觉得很苦恼不知何去何从。有一次，陪几个老师闲聊时，他说出了他的烦恼，他过去的班导笑了，"就知道你小子呆不住！你这个性还真不太适合做老师！"这时计算机老师给他提了个大胆的建议，"小蔡，我觉得你个性活跃，敢想敢干，更适合在竞争激烈的环境里奋斗！现在社会上缺少的是综合能力强的人才，你是学英语专业的，文笔也不错，对于计算机也很了解，如果去涉外企业，应该会干得很出色！你应该为自己做个长远规划，是要当一辈子你不喜欢的老师，还是冒点险出去闯闯，决定权就在你手中！"老师的话让小蔡非常震动，经过一番考虑后，他决定出去大干一场。临行前，一个外教又送给小蔡几张朋友的名片，他们都是外企的经理、主管，让小蔡跟他们联系一下。两个月后，小蔡在一家德资企业做协理；两年后，小蔡已经成为了一家中美合资公司的总裁特助，公司给他配了汽车，月薪过万。大家都说小蔡变化特大，当然，他喜欢和老师同学保持联系的习惯还是没变。

我们应当正确认识师生关系，正确处理师生关系，这对每个人都是大有益处的。那么处理师生关系时要注意哪些问题呢？

1. **注意小节。**

无论是在上学时，还是在毕业后，我们都应该在老师面前保持恭敬的态度，注意小节。比如语气上对老师要客气，举止上要有礼，要让老师感受到你的敬意。曾经有一位先生毕业后飞黄腾达，志得意满，有一次居然在公共场合称呼以前的一位老师为老×，这位老师气得拂袖而去，而他的这种做法，也给在场的领导、同事留下了极差的印象。

2. 不忘师恩。

在今天物欲充斥的社会里，很多人都忘记了尊师之情。如果你能对老师表现出感激之意，就会让老师们感到非常欣慰。一封问候信，一通问候电话或一件小礼品，都显得弥足珍贵，只要你有心，这其实不难做到。

3. 态度谦逊。

一些人在社会上功成名就后，总忍不住炫耀自己。但无论你有多得意，也千万别到老师面前吹嘘，这对你、对师生关系绝不会有任何好处。某君上学时非常顽皮，经常被老师训斥，但毕业后却来了个大翻身，经过十年的商海翻腾，成为了一家大公司的经理。同学会上，大家纷纷祝贺某君，以前曾经训斥过他的班主任老师也不断夸赞他。某君非常得意，大声地说："以前啊，谁都觉得我不会有前途，谁知道这一不小心还折腾成了个经理！现如今，我手下管着百来号人呢！电视台还想采访我，报社也要采访我，可我这么大买卖哪有时间理他们啊！就让秘书一律挡驾！人真没法说！老师，你当年也没想到我会有今天吧！"听完某君的话，老师的脸沉下来，同学们也都觉得他太狂妄，于是一场同学会不欢而散，以后再有聚会同学也很少找他。

在儒学传统中，尊师是一项重要的美德，甚至还有"一日为师，终身为父"的说法。在今天，师生关系已被时代赋予了新的含义，师生关系已经成了一种值得珍惜的、有价值的人际关系资源，如何处理好师生关系，已经成了每个人的必修课！

妥善管理好自己的社交网络

人生做事需要一张关系网，古今中外皆如此，而交际的目的之一就是织成这张网并利用这张网。既然人人都知道这一点，都会去织自己的网，那么决定成败胜负的就是如何织好这张网了。有的人整天忙忙碌碌，认识很多人，整天为应付自己找来的关系而叫苦连天。网织得很大，但漏洞百出，而且又有许多死结，结果使用起来没有实绩，网撒进海里打不到鱼。有的人却不是如此。这就是在关系中间找关系的重要性。

人的精力是有限的，而且又有认识不完的人，因此要管理好自己的社交网络。要织一张好的关系网，首先第一步就是筛选，把与自己业务有直接关系和间接关系的人记在一个本子上，把没有什么关系的记在另一个本子上。这就像是打扑克中的"埋底牌"，把有用的留在手上，把无用的埋下去。

第二步就是排队，要对自己认识的人进行分析，列出哪些人是最重要的，哪些人是比较重要的，哪些人是次要的，根据自己的业务需要排队。这就像打扑克中要"理牌"一样，明白自己手里有几张主牌、几张副牌，哪些牌最有力量，可以用来夺分保底，哪些牌只可以用来应付场面。

由此，你自然就会明白，哪些关系需要重点维系和保护，哪些则只需要保持一般联系和关照，从而决定自己的交际策略，合理安排自己的精力和时间。

第三步还需要对关系进行分类，知道他们不同的作用。因为商业活动往往涉及到很多方面，你需要很多方面的资源，不可能只从某一方面获得。比如，有的关系可以帮助你办理有关手续，有的则能够帮助你出谋划策，而有的则只能为你提供某种信息。虽然作用不同，但对你可能都是至关重要的，所以一定要进行分类，对各种关系的功能和作用进行分析和鉴别，把它们编织到自己的网中。

有了以上的准备，你才可能有效地利用这张网，打好自己的牌，知道在什么情况下打什么牌。

当然，有了这张网之后，你还得不断检查、修补它。因为随着部门调整、人事变动，你的网也会常常出现漏洞。你得不断调整自己手中的牌，重新进行排队和分类，不断从关系之中找关系，使自己的关系网一直有效。

Part4 社交基础：逐步构建自己的社交网络

　　丰富的人缘资源不是唾手可得的，它需要你不断地进行构建。构建人缘基础时，你必须拥有尊重、宽容、幽默、关爱、助人、善心、仁义、谦虚、赞美、倾听、诚信等一系列的利器，并加以良好的运用，方可让自己左右逢源、顺风得水、游刃自如，不然的话，你就会处处受阻和受挫。

尊重：与他人交际的原则

孟德斯鸠说：人生而平等，根本没有高低贵贱之分。我们没有权力借后天的给予对别人颐指气使，也没有理由为后天的际遇而自怨自艾。在人之上，要视别人为人；在人之下，要视自己为人。这是做人的一种基本姿态，也是为人的原则之一。

玛丽·凯是美国著名的管理专家，成名之前曾是一家化妆品公司的推销员。

有一次，她参加了一整天的销售练习，很渴望能和销售经理握握手。那位经理刚刚作了一篇十分鼓舞士气的演讲。玛丽在队伍里整整排了三个小时，好不容易轮到她和那位经理见面。但遗憾的是，那位经理根本没有拿正眼看她，只是从她的肩膀上方望过去，看看队伍还有多长，甚至根本没有察觉到他要与玛丽握手。玛丽等了三个小时，就获得了这样的接待！她觉得人格上受到了侮辱，面子受到了伤害。于是她立志做一个经理："如果有一天人们排队来和我握手，我将给每一个来到我面前的人全然的注意——不管我当时多么疲劳！"

后来，玛丽·凯的愿望真的成为了现实。以她自己名字命名的化妆品公司终于成为一家具有相当规模的大企业，也有很多的慕名者来找她握手，她确实始终坚持以前曾发过的誓言。她说："我有很多次站在长长的队伍前，与各种人士作长达数小时的握手，一旦感觉疲劳了，我总是想起自己从前排队和那位经理握手的情形，一想起他不正眼瞧我给我带来的伤害，我立即打起精神，直视握手者的眼睛，尽可能地说些比较亲近的话……"

在人之上，要视别人为人；在人之下，要视自己为人。这不仅是一个心态的问题，也是一个道德问题。其实，一个人对另一个人的态度在现实生活中的重要性是不言而喻的。

一天晚上，闲着无事的艾森豪威尔在营帐外散步。他看见一个士兵正在营帐背后黯然神伤，便走了过去。"嗨，看来我们是同命相连啊，我的心情也特别不好，我们可以走走吗？"士兵看到艾森豪威尔的突然出现原本很紧张，可万万没想到这位尊敬的将军竟在他最需要朋友倾诉的时候会来邀他散步。自然他感到万分荣幸，当然他们的谈话也很放松。用这位士兵的话说："那天晚上他不再是指挥千军万马的将军，我也不再是默默无闻的小兵，我们是无所不谈的朋友。"正是那次谈话，使这个一向都很悲观的士兵乐观了起来，在以后的战斗中显示了出奇的英勇。

英国前女王维多利亚作为英国皇权至高无上的拥有者，一向都很傲慢。一次，在和丈夫阿尔伯特亲王发生激烈口角的时候，也流露出了居高临下的语气，伤害了亲王作为男性的尊严。为了表示不满，亲王一句话也没有说就进了自己的房间，并把门紧紧地关了起来。几分钟之后，有人来敲门了。

"谁？"亲王气呼呼道。

"我，快给英国女王开门。"维多利亚依旧傲慢地回答。

阿尔伯特一听，心里就不大受用，更别说开门了。隔了许久，敲门声再次响起，但这次温柔了许多，还听到一个声音轻轻地说道："阿尔伯特，是我，维多利亚，你的妻子。"

房门打开了，怨气全消的阿尔伯特站在门口，两个人终于重修旧好。

维多利亚女王把宫廷里的那一套架势拿到两个人的世界来显示显然是错的。处于劣势地位的人们原本就很敏感，任何一点点异常的举动都会引起他们极大的注意，就像人们常说的那样，在矮个子面前别说短话。处于高位的人要照顾底下人的情绪，同时，处于卑微地位的人们更应树立起自尊自强的信念。因为很多时候，如果连你自己都看不起自己的话，又怎么能让别人看起你呢？

几年前，一家日本公司里，中国员工因工作权益问题与日方老板发生了冲突，而且愈演愈烈，最后愤怒如一头母狮的女老板提出要当事人向她下跪以示悔悟和赔礼道歉，否则就要当事人扛起行李走人。很多工人在老板的淫威下屈服了，弯下了他们那一双双本已习惯站着工作的双膝。正当女老板用她那傲慢而又洋洋自得的眼睛逡视着时，一个年轻的小伙子却笔挺地站到了她的面前。"为什么不跪？"女老板咆哮着，"因为你没有权力那样做！"中国小伙子以一种愤怒而又傲不可侵的目光逼视着她。"在这里你必须听我的，不然就滚！"女老板气急败坏地将手中的文件夹狠狠地摔到了桌上。就这样，这个年仅二十几岁的郑州小伙子当日就被开除了。

记得当时这次事件在国内引起一场不小的风波，几乎全国所有的媒体都予以不同程度的关注，甚至有些大学和其他机构还就此开展了不同形式的学习和研讨。就这件事本身而言，除了民族情绪外的作用外，还有一些更为本质的东西，那就是做人的尊严。那个小伙子之所以被人崇拜，被人颂扬，就是因为他用自己的语言和行动捍卫了一个民族的尊严和自己做人的尊严。

松下幸之助在给他的员工培训时曾有过这样的一段论述："不怕别人看不起，就怕自己没志气。人须自重，尔后为他人所重。应该让人在你的行为中看到你堂堂正正的人格。"当然，自重并不仅在于不自卑，也在于不要在行为中玷污甚至丧失人格。

在今天的社会条件下，复杂的生活方式、金钱物质的刺激都可能使这件事情发生。缺乏自重的人也许会以为他个人赢得了许多东西，但他却丢掉了最根本的，那就是他自己。说到行为的分寸，我们大家的体会就更多了。真理哪怕是只超过一小步，都是谬误。

著名的成功学者戴尔·卡耐基在谈到人际交往时也曾提道：过分自卑，缺乏自信心的人，对人际关系谨小慎微、过于敏感的人，对他人批评过分的人以及完成工作任务后过分自夸的人等，都影响与人交往。卡耐基曾指出："指责和批评收不到丝毫效果，只会使别人加强防卫，并且想办法证明他是对的。批评也很危险，会伤害到一个人宝贵的自尊，伤害到他自己认为重要的感觉，还会激起他的怨恨。"所以，他建议不要指责别人，而要："尝试着了解他们，试着揣摩他为什么做出他做的事情。这比批评更有益处和趣味，并且可以培养同情、容忍和仁慈。"

富兰克林说他做外交官成功的秘诀是："尊重任何交往对象。我不会说任何人的缺点，我只说我认识的每一个人的优点。"

宽容：人际关系和谐的法宝

宽容是在人际交往中持以包容，宽厚的态度。宽容，视之为美德，是人格中闪闪发光的一束。宽容，就是容忍别人不经意的触犯，包括态度上的不恭谨，接受和自己观念相左的意见，常常想到他人的优点等等，如此为人处世。宽容，体谅，在许多时候是非常需要的。有了它，就可以在许多时候互相通融，使人际关系更加和谐，从而在稳定中更加密切。

但是，严于律己，宽以待人才是最重要的。我们看到一些朋友，常常会利用大家的宽容，误用宽容。他们总是要指责别人不喜欢自己的缺点，比如粗暴，惰性与狭隘，甚至不讲道理和不讲卫生。别人凭什么要喜欢你的缺点呢？为什么不改正自己的缺点之后再让别人喜欢呢？特别是，当一个人侵害了另一个人的利益之后，对方一定会批评和反击，这时候别指望别人对你能有所宽容。在人际关系交往中，如果认为别人都会宽容自己，视别人的感受为无物，无异于给自己开了一张胡作非为的通行证。如此久了，一定会碰壁，一定得不到宽容。宽容常常是这样发生的：你对别人宽容，别人再以同样的态度对你。但这是有限度的，如果提前透支了别人的善意，可能就永远没有机会得到宽容。

"骄傲是骄傲者的墓志铭，卑鄙是卑鄙者的通行证"这样的话不是在任何时候都行得通的！

古人教导一个人为人处世要如履薄冰，要谨言慎行，说的也许就是不要指望别人无端宽恕自己的过失。过失就是过失，即使别人宽容，也不能说它就不是过失。一个好人不外乎两个方面，一是自己的人好，二是原谅别人的缺失。然而人好是根基，而且只有"好人"才有权利对别人采取"恕道"。假如一个人不怎么好，太毛躁，太缺乏诚信，即使别人因为不屑和善良时时宽容你，终究还是会陷入不被宽容的境地。更多的时候，不要太指望别人来宽容自己，而应该学会宽容别人。

胸襟开阔者能成大事，大度者精神舒畅，生活也会轻松愉快。多一分宽容的胸襟，就会促使很多事情向好的方向发展，所谓"宰相肚里能撑船"就是宽容的一种境界。拥有了一颗宽容的心，就拥有了无法比拟的人格魅力，就拥有温暖的阳光，拥有了永远的晴天，也就拥有了整个世界。宽容是大家心向往之的境界，但有时候，也不能只想着去宽容别人。惩前毖后，治病救人，也是一个宽容者应该有的品质。除了宽容，敢言也是一种美德。

在人际关系这张网中，我们挣扎着，奋斗着，跟人发生着这样那样的关系。我们在指望别人对自己的友谊和友好，更要宽容别人对自己的不公和打击。

幽默：吸引人的磁石

丘吉尔是个很有幽默感的人。有一次，著名作家萧伯纳的戏剧要在剧院上演，萧伯纳给丘吉尔寄了两张门票，并附上一张字条说："请带上一个朋友来看新剧的首场演出，如果你有一个朋友的话！"对于萧伯纳的嘲讽，丘吉尔并没有生气，他也给萧伯纳回了封信，"现在太忙，不能去看首场演出，请给我第二场的门票，如果有第二场的话。"

丘吉尔是英国历史上最受人们爱戴的首相之一，这当然是由于他的丰功伟绩，但恐怕和他平易近人的幽默性格也有很大的关系，幽默是一种人生态度、是一种交际的技巧，幽默能提升你的个人魅力，让你成为一个广受欢迎的人。

笑和幽默是人类独有的特质。一个善于说笑与幽默的人，常给朋友带来无比的欢乐，并且在与人交往中增加魅力，备受欢迎。

一般来说，一个人在谈吐中机智诙谐、懂得自嘲、引人发笑，我们都可以说他是个具有幽默感的人。而能善用比喻，将有趣的故事导入主题时，更能令人印象深刻。

马克·吐温说："幽默是真理的轻松面。"的确，幽默不是"正面的说理"，而是"侧面的笑谈"，使人在哈哈一笑之时，能了解人生的哲理。

有些"名嘴"，并不是因为他演讲的内容有多好，而是因为他有幽默感，让全场笑声不断，虽然演讲没什么内容，但大家也不太去计较，反而因为有那"名嘴"的演讲，必定准时"报到"。

在餐桌上，有幽默感的人可带动全场的气氛，给聚餐留下令人愉快的回忆，而这位有幽默感的人也必定成为聚餐中的主角，让人印象深刻。而且还有一个可能——以后常会有人请他吃饭。

官员或企业主管若有幽默感，也可在无形之中增添凝聚力，化解不必要的纷争，并且为自己塑造亲和的形象。

除此以外，有幽默感的人还能巧妙地处理各种尴尬的场面，给人们带来欢乐。

有一个从俄亥俄州来的人拜访林肯总统时，外面正有一队士兵停在门外，等候林肯训话。林肯请这位朋友随他外出，并继续和他交谈。但是，当他们行至走廊时，军队齐声欢呼起来。那位朋友这时应该识趣地退开，但是他并没有这样做。于是，一位副官走到那人面前，嘱咐他退后几步。他这时才发现自己的失态，窘得满脸通红。但是，林肯却立即微笑说："我的朋友，你得知道他们也许分辨不出谁是总统呢！"在那难堪的一瞬间，林肯用他的幽默化解了这一窘迫的局面。

从前有一位画商拿着毕加索早期的画作，请求他鉴定是不是他画的。毕加索瞄了一眼，说道："这是一幅假画。"画商大吃一惊，支吾地问："这难道不是你画的吗？""是啊！这是我亲自作的假画！"毕加索不慌不忙地说。

其实，每个人都可变得幽默，它不是天才、高智商、喜剧演员的专利品。只要你常看一些笑话故事、歇后语，学习让嘴角向上翘，换个新鲜角度欣赏事物，必可找回幽默和学会幽默。

不过，幽默虽好，但使用不当却会毁坏你的形象，因此一定要掌握技巧：

1. 不要随意幽默。幽默并不是随时随地都可以运用的，应在某些特定的场合和条件下发挥幽默。例如：在一个正式的会议上，当别人发言时，你突然冒出一两句逗人的话，也许大家都被你的幽默逗笑了，但发言的那个人肯定认为你不尊重他，对他的发言不感兴趣。

2. 幽默要高雅才好。在生活中，有不少人在开玩笑时往往把握不住分寸，结果弄得大家不欢而散，影响了彼此的感情。

3. 不幽默时无需硬要幽默。如果当时的条件并不具备，你却要尽力表现出幽默，其结果必定是勉为其难，这会令彼此陷入更尴尬的境地。

幽默是引力强大的磁铁，有了幽默你就可以把周围的人都吸进你的磁场。如果你想成为一个人缘好的人，如果你想增添自己的魅力，那就培养一点幽默感，做一个幽默之人吧！

关爱：受他人欢迎的关键

王乔心宽体胖，整天乐呵呵，朋友们都亲热地称呼他为"胖哥"。胖哥是某单位的司机，没权没势，可大家就是喜欢他、尊重他，有人开玩笑地问胖哥身上是不是装了磁石，不然为什么这么吸引大家呢！胖哥哈哈一笑，"就是有人缘！大家对我好，你羡慕了！"其实胖哥之所以人缘好，都是靠他自己的友善换来的。他的好朋友没考上大学，闹着要投河，胖哥一下子请了十天假陪着他，劝说他，等朋友精神好转后，又开车带着朋友散心，终于使朋友转变了想法。同事小姜的父亲骨折住院，胖哥把小姜的家务事整个包了下来，还专门为小姜父亲炖了鸡汤送到医院，每隔两天还要代替小姜护理老人。领导大赵做买卖赔了一笔，大赵心烦意乱，大赵妻子寻死觅活，胖哥又充当了调解人，终于劝得这对夫妻和好如初……胖哥对每个人都那么关爱友善，而大家回报给他的则是爱戴支持。

人格优美、性情温和的人，往往到处能得他人的欢迎，也能处处得到他人的扶助。有些商人虽然没有雄厚的资本，却能吸引很多顾客，他们的事业与那些资本雄厚但缺少吸引力的人相比，进展必定更为显著。

与人交往，如果你能处处表现出关爱别人的精神，乐于助人，那么就能使自己犹如磁石一般，吸引众多的朋友。而一个只肯为自己打算的人，到处会受人鄙弃。

慷慨与宽宏大量，也是获得朋友的要素。一个宽容大度的慷慨者，常能赢得人心。

与人交往时，还应说他人爱听的话，在谈话和做事过程中，要赞扬他人的长处，而不去揭露他人的短处。那种习惯轻视他人、喜欢寻找他人缺点的人，是不可信赖的人，也不值得结交。

轻视与嫉妒他人往往是一个人心胸狭窄、思想不健全的表现，也是一个人思想浅薄与狭隘的表现，这种人非但不能认识他人的长处，更不能发现自己的短处。而有着健全的思想、对人宽宏大量的人，非但能够认识他人的长处，更能发现自己的短处。

吸引他人最好的方法，就是要使自己对他的事情很关心、很感兴趣。但你不能做作，你必须真诚地关心别人，对别人感兴趣。

好多人之所以不能吸引他人，是因为他们的心灵与外界是隔绝的，他们只专注于自己。与外界隔绝，久而久之，便足以使自己陷于孤独的境地。

有一个人，几乎人人都不欢迎他，但他不知道是什么原因。即使他参加一个公众集会，人人见了他都退避三舍。所以，当别人互相寒暄谈笑、其乐融融之时，他一个人独处在屋中的一个角落。即使偶然被人家注意，片刻之后，他也依旧孤独地坐在一边。像这类人好似冰块一样，好似没有吸引力的磁石。

这个人之所以不受欢迎，在他自己看来乃是一个谜，他具有很大的才能，又是个勤勉努力的人。他在每天工作完毕后，也喜欢混在同伴中寻快乐。但他往往只顾到自己的乐趣，而常常给人以难堪，所以很多人一看到他就避而远之。

但他绝未想到，他不受欢迎最关键的原因乃在于他的自私心理，自私乃是他不能赢得人心的主要障碍。他只想到自己而不顾及他人。他竟然一刻也不能把自己的事情搁起，来谈谈他人的事情。每当与别人谈话，他总是要把谈话的中心，集中在自身或自己的业务上。

一个人如果只顾自己，只为自己打算，那么就没有吸引他人的磁力，就会使别人对他感到厌恶，就没有一个人喜欢与他结交往来。

如果一个人真正对他人感兴趣，便有吸引他人的力量。而且对他人吸引力的大小，与对他人所感兴趣的程度成正比。怎样才能对他人感兴趣呢？主要是要能够设身处地为他人着想，能够推己及人，给他人以深切的同情。

其实，人生最大的目标，并不应该在于谋生赚钱，更要把我们内在的力量、我们的美德发扬出来。这样，我们就自然会具有吸引他人的力量。

一个人要真正吸引他人，应该具有种种良好的德行，自私、卑鄙、嫉妒都不能赢得人心；非但不能赢得人心，还会处处不受人们的欢迎。

一个只想着自己，对他人缺少关心的人，就会缺少吸引朋友的磁力，这样的人将会失掉生活中的很多乐趣。如果他想成为一个受人欢迎，有人缘的人的话，那就要改变冷漠的做人态度，多关心关心别人。

助人：欲求人助的前提

人们都想得到别人的理解、支持和接纳，这里的诀窍无他，只有这样一句话："欲求人助，先要助人。"

许多人都晓得小说《牛虻》中的主人公牛虻。他在漂泊于天涯海角，经受各种可怕的折磨以后，侥幸参加了一支法国人组织的赴南美探险队。由于他被折磨得不像人样，腿也瘸了，在探险队里又是一个低人一等的翻译，所以几乎全队人都对他持怀疑和鄙视的态度。可是后来，牛虻赢得了全队人的尊敬和信任。靠什么呢？

有一个队友只身离开营地，遇到一只美洲狮，正在生命系于一发之际，随其后悄悄保护他的牛虻挺身而出，击毙狮子救出了队友。牛虻在长期流浪中得了一种危险的病症，探险途中突然发作，但他以极大的毅力抑制着剧烈的病痛，强制自己不呻吟、不喊叫，以免使队友们为他担忧。有两个对牛虻持有敌意的队友打死了土著民族的一只"神鹰"，激起了土著人的震怒，要对探险队进行毁灭性的报复。危急时刻，牛虻不计前嫌，冒着生命危险前去和土人谈判，靠机智和勇敢达成了和解……于是，牛虻成了大家心目中的英雄。

牛虻之所以彻底改变了人们对自己的态度，是什么力量起了作用？答案是见义勇为、乐于助人、牺牲自己、救护别人的崇高精神和行为。

俄国文学家高尔基曾写给他的儿子马克西姆一封信，那是他妻子和儿子到他疗养的小岛来看望他之后。儿子在岛上小住时，曾在窗前种了许多花。高尔基写道："你走了，可是你栽的花却留了下来，在生长着。我望着它们，心里愉快地想，我的好儿子动身以后在岛上留下了某种美好的东西——鲜花。要是你在任何时候，任何地方，自己一生留给人们的都只是美好的东西——鲜花、思想、对你非常好的回忆，那你的生活将会是轻松愉快的。那时你会感到所有的人都需要你，这种感觉会使你成为一个心灵丰富的人。要知道'给'永远比'拿'愉快。"

高尔基的话可谓至理名言。要想使人需要你，首先你要帮助他人，使他人由于你而愉快。这里还有一个反面案例。有一个农民费尽千辛万苦，找来些优质西瓜种子，并把它们种了下去。邻人知道后，纷纷来打听优质种子的来源。农民怕大家都种出优质西瓜后，自己有了竞争对手，于是便拒绝了。邻居们只好种上以前的种子。到了夏天，这个农民满以为自己会丰收，结果却发现自己收获的仍是劣质西瓜，比邻居的强不了多少。农民非常困惑，他为此请教了二位专家。专家说："因为你的西瓜授的仍是邻人劣质西瓜的花粉。"

人们往往会嘲笑这个瓜农，可他们中很多人却也犯着同样的错误，唯恐自己吃亏，不愿帮助他人。其实每个人都是社会中的一员，与周围的事物不可避免地发生着联系和影响，善待他人就是善待自己。

感恩、回报，是人的本性。俗话说："滴水之恩，当涌泉相报。"一个人如果获得了别人物质上、思想上的很大帮助，特别是在危难之时、危险之处的帮助，那么他将终生不忘，感激不尽。一旦帮助过他的你反过来需要他的支持和帮助时，那还有什么困难呢？

善心：给予更多就会收获更多

有一次，一位哲学家问他的学生们："人生在世，最需要做的是哪件事？"答案有许多，但只有一位学生回答道："培养一颗善心！"哲学家说："是这样的。在这'善心'两字中，包括了别人所说的一切东西。因为有善心的人，对于自己总能自安自足；对于他人，他则是一个良好的伴侣和可亲的朋友。总之，他能去做一切于己于人都适宜的事。"

虽然我们给予他人以爱、同情和鼓励，我们本身却并未因为给予而有所损失，反而会由于给予而获得更多。我们把爱、同情和善意给人愈多，我们所能收回的爱、同情和善意也就愈多。

有一天，上帝对教士说："来，我带你去看看地狱。"他们进入了一个房间，看到许多人正在围着一只煮食的大锅坐着，他们眼睛直呆呆地望着大锅，又饿又失望。他们每个人手里都有一只汤匙，只因为汤匙的柄太长，所以食物没法儿送到自己的嘴里。

"来，现在我带你去看看天堂。"上帝又带教士进入另一个房间。这个房间跟上个房间的情景一模一样，也有一大群人围着一口正在煮食的锅坐着，他们的汤匙柄跟刚才的那群人的一样长。所不同的是，这里的人又吃又喝，有说有笑。

教士看完这个房间，奇怪地问上帝："为什么同样的情景，这个房间的人快乐，而那个房间的人却愁眉不展呢？"上帝微笑着说："难道你没有看到，这个房间的人都学会了喂对方吗？"

这个故事生动地告诉我们，人活在世上要学会分享与给予，养成互爱互助的行为。那群吝啬鬼宁愿自己饿死，也不愿去喂对方，正像一首诗中所说的那样："把爱拿走，地球就变成一座坟墓了。"而天堂里的人们却知道"施恩于人共分享，献花者手中留余香"的道理。

有一个50岁的女人，丈夫去世不久，儿子又坠机身亡，她被悲伤和自怜的感情所包围，久而久之患上了忧郁症，甚至产生过自杀的念头。好心的邻居劝她去做些能使别人快乐的事。可是，50岁的她能做些什么呢？她过去喜欢养花，自从丈夫和儿子去世后，花园都荒芜了。她听了邻居的劝告后，开始整修花园，撒下种子，施肥灌水，花园里很快就开出鲜艳的花朵。从此，她每隔几天就将亲手栽培的鲜花送给附近医院里的病人。她给医院里的病人送去了温馨，换来了一声声的感激话。那些美好的话语轻柔地流入她的心田，治愈了她的忧郁症。她还经常收到病愈者寄来的贺年卡、感谢信，这些卡片和信帮助她消除了孤独感，使她重新获得了人生的喜悦。

所以，无论一个人的生活多么平凡，即便生理上有这样那样的缺陷，都应该学会这个精神处方——多想想怎样才能使别人快乐！

使别人快乐，同时你也会得到快乐；相反，如果你总是误解别人、埋怨别人，那么你得到的也只会是误解和愤怒。"如果你握紧一双拳头来见我，"美国总统威尔逊曾这样说，"我想，我可以保证，我的拳头会握得比你的更紧。但是如果你来找我说：'我们坐下，好好商量，看看彼此意见相异的原因是什么。'我们就会发现，彼此的距离并不是那么大，相异的观点并不多，而且看法一致的观点反而居多。你也会发觉，只要我们有彼此沟通的耐心、诚意和愿望，我们就能沟通。"

使别人快乐，我们每一个人都可以做到。有一个盲人在夜晚走路时，手里总是提着一个明亮的灯笼。别人看了很好奇，就问他："你自己看不见，为什么还要提灯笼走路？"那个盲人满心欢喜地说："这个道理很简单，我提上灯笼并不是给自己照路，而是为别人提供光明，帮助别人。我手里提着灯笼，别人也容易看到我，不会撞到我身上，这样就可以保护自己的安全，也等于帮助自己。"

在漫漫的人生路上，你如果觉得自己孤寂，或者觉得道路艰险，那你就该每天都想一想，怎样才能使别人快乐。这样你定会逢凶化吉、因祸得福，快乐就会飞到你的身边，使你远离痛苦与烦恼。因为你在送别人一束玫瑰的时候，自己手中也留下了持久的芳香。

仁义：赢得他人支持的基础

在一个寒冷的深夜，纽约的一条不是很繁华的道路上已经几乎没有车辆行驶。这时从街中心的地下管道洞内钻出一位衣着笔挺的人来，路旁的一个行人十分狐疑，他上前想看个究竟，一看却怔住了，他认出这钻出来的人，竟是大名鼎鼎的电话业巨头、密歇根贝尔电话公司总经理福拉多！

原来福拉多是因为地下管道内有两名接线工在紧急施工，福拉多特意去表示慰问。福拉多被称作"十万人的好友"，他与他的同事、下属、顾客，乃至竞争对手都保持着良好的关系，这位富有人情味的企业巨子，事业如日中天。

可以说福拉多的成功，在很大程度上要得益于他的好人缘，他用自己富有人情味的领导，赢得了同仁的赞誉和支持。然而生活中，很多人往往忽略了，你身边的同仁就是不能缺少的靠山。敬人者，人皆敬之；爱人者，人皆爱之。只要以一颗真诚的心去面对你的同仁就能够得到对方同样的回报，为自己增加一个可以同甘苦、谋事业的坚强靠山。古代做大事、成大业的人，也都是以心换心，才得到了无数同仁的支持，并依靠他们的力量，取得了事业的成功。

三国时，刘备为了避免与曹操几十万大军交战，便弃樊城，带领百姓向江陵进发，在当阳长坂坡与曹操的追兵展开血战，赵云为救刘备妻儿单枪匹马，突出重围，历尽艰险，终于来到了刘备的面前。

当时刘备正在距离长坂桥二十余里的地方和众人在树下休息，赵云看到刘备便立即下马"伏地而泣"，而"玄德亦泣"。赵云不顾自己的疲惫，气喘吁吁地对刘备说："赵云之罪，万死犹轻！糜夫人身带重伤，不肯上马，投井而死，云只得推土墙掩之。怀抱公子，身突重围。赖主公洪福，幸而脱险。"说着，想起来怀中的公子刚刚还在哭，现在怎么没了动静，便急忙解开来看，原来阿斗正睡着还没有醒。于是赵云欣喜地说："幸得公子无恙！"便双手递给刘备。刘备接过孩子，扔在地上说："为汝这孺子，几损我一员大将！"赵云看到刘备如此，连忙从地上抱起阿斗，泣对刘备说："云虽肝脑涂地，不能报也！"

虽然人们对刘备掷阿斗一事历来颇有争议。无论是刘备故意作态给别人看，以笼络周围将士的心；还是他真的爱将胜于爱子，但阿斗的确是赵云从地上抱起来的，这在一定程度上也表明了刘备当时是轻父子情，重君臣心的。

他对赵云的感激怜爱之心溢于言表，赵云也由此更加坚定了为刘备效力的决心。正是刘备对于将士有着感恩之情，他的周围才聚集了赵云、张飞、关羽、诸葛孔明这些才华横溢的杰出人士，成为他振兴大业的有力依靠。

同时，刘备还懂得安抚民心，实施"仁政"。刘备在与川军的斗争中，树起免死旗，收降川兵，又谕众降兵"愿降者充军，不愿者放回"，实行优待俘虏的政策。这样一来反而使得人心向之，川军不战而溃。当军队进入成都时，百姓"香花灯烛，迎门而接"。正是因为刘备对百姓施行了仁政，才得到了百姓的拥护和将士的爱戴，从而顺利地占领了成都。

刘备之所以能在三分天下后拥有自己的一席之地，其中重要原因就在于他以一颗仁义之心换得了同仁对他的支持与感恩，使他得以依靠同仁的力量而成就自己的事业。不仅在古代社会如此，在当今的社会里，"我为人人，人人为我"，"人与人相互支撑"也是社会生活以及同仁间关系的法则。

美国社会心理学家布罗尼克认为，一个人走向成功，必须通过六道门，在20岁至30岁是第二道关口——脱颖而出。这期间，多数人投入可观的时间，动脑筋钻研业务，和别人比高低，希望能得到好声誉。然而，有些人为了使自己凸显出来，便会经常地批评别人，贬低别人，对别人不信任；称赞自己，把功劳归于自己。

这样，他们就很难得到别人的合作。甚至不得不与其他人处于对抗之中，也就失去了在群体中的地位。这些人往往得不到别人的信任和好感，难于与他人合作。因此，得不到上司的赏识，同事的接纳和合作，常常失去晋升的机会，这样的人也难于获得成功。

谦虚：使人更容易接近

谦虚是人的美德，谦虚能够使人更容易接近，从而形成良好的人际关系。

要想建立人际关系一定要"谦"字当头，如果太狂妄自负，那只能使你失去处世的根本，落得没有一个朋友的可悲下场。那么怎么才能更好的在人际交往中保持谦虚呢？

首先，在交际中不能目中无人。在任何时候，目中无人、高高在上的人都不会得到他人喜欢。搭建关系，受人喜欢的最重要的一点，就是要学会谦虚，也就是学会尊重他人。

年轻时候的富兰克林，非常骄傲自大，而且言行简直就是不可一世，无论到哪里都显得咄咄逼人。造成他这个坏脾气的最大原因是因为他的父亲对他太纵容了，从来都不对他的这种行为做出训斥。不过他父亲的一位挚友倒是看不下去了，有一天，把他叫到面前，用很温和的语气对他说："富兰克林，你想想看，你不肯尊重他人意见，事事都自以为是的行为，结果将使你怎样呢？人家受了你几次这种难堪后，谁也不愿意再听你那么骄傲的言论。你的朋友们也会远远地避开你，免得他们会受你一肚子的冤枉气。如果你还这样下去，那么你从此就不能交到好朋友，你也不能从他人那里获得半点知识了。再说你现在所知道的事情才是那么一点点，这样是不行的"。

听了这一番话后富兰克林大受感动，他也看清楚了自己过去的错误，决定从此要痛改前非，在处世待人的时候处处都改用研究的态度，言行也变得谦恭和婉了，慎防有损别人的尊严。不久后，他便从一个受人鄙视、拒绝交往的自负者，变成了一个到处受人欢迎和爱戴的人际交往高手。

试想如果富兰克林没有接受意见改变自己的毛病，仍然是一意孤行，说起话来还是不把他人放在眼里，那么他的结果一定不堪设想。

南朝时的开国良将冯道根，在梁武帝最初举兵时，冯道根受命为先锋，立了大功。每次征伐取得胜利之后，他从不自吹自擂。

东汉初时的名将冯异在建立东汉王朝的战争中屡立功勋，然而他在每次战争后，总独自躲在大树下，而不像其他人那样聚在一处争说自己的功劳，因而他赢得了"大树将军"的美称。梁国的宰相沈约对梁武帝称赞冯道根说："此陛下之大树将军也！"功劳是客观存在的，别人抹杀不掉，自己的吹嘘也终是徒劳。

实际上也是这样，有不少居功自傲的人，最终还是落得身败名裂的下场，只有那些继承了谦虚美德的老实人才能"赢得生前身后名"，为人所津津乐道。

在南北战争时期，美国北军格兰特将军和南军李将军率部交锋，经过了一场激战后，南军败得溃不成军，李将军也被送到爱浦麦特城受审，签订降约。格兰特将军在这次胜利后很谦恭地说："李将军是一位很值得我们敬佩的人物。他虽然战败了，但是他的态度仍旧是那么镇定。他仍旧是穿着全新的、完整的那套军服，腰间还佩着政府奖赐他的名贵宝剑；而我却远远比不上他呀！"

他说他能取得这次战争的胜利，都是因为偶然的机会造成的。他说："我们能够取得这次胜利是因为我们运气好，当时敌方军队在弗吉尼亚，几乎天天都遇到阴雨，害得他们不得不陷在泥泞中作战。然而，我们所到之处，几乎每天都是好天气，非常方便我们行军，我们就是因为幸运才取得胜利的。"

赞美：事业成功的阶梯

根据美国《幸福》杂志下属的名人研究会研究的结果表明：人际关系的顺畅是事业成功的最关键因素，而赞美别人是处世交际最关键的课程。如果你懂得如何去赞美别人，再加上你聪明的脑袋，还有脚踏实地的精神，就等于事业成功了一半。从很大意义上讲，学会赞美他人是事业成功的阶梯。

真诚的、发自内心的赞美可以搞好你的人际关系，使你在事业的道路上畅通无阻。赞美从一定意义上讲，是一种有效的感情投资。当然，有付出就会有回报。对领导的赞美，能使领导心情愉悦，对你越发重视；对同事的赞美，能够联络感情，增强团队精神，在合作中更加愉快；对下属的赞美，能使你赢得下属的敬重，激发下属的工作热情和创造精神，从而更好地协助自己在事业上的发展；对自己生意伙伴的赞美则会赢得更多的合作机会，从而获取更多的利润。如果你是一个商人，学会赞美你的顾客，则会拥有更高的顾客回头率。一位精明的售衣商往往会说："太太真是好眼光，这是我们这里最新潮的款式，穿在太太身上，太太一定会更加漂亮。"几句话，这位太太肯定眉开眼笑，马上开包拿钱。美国的商界奇才鲍罗齐就曾说过："赞美你的顾客比赞美你的商品更重要，因为让你的顾客高兴你就成功了一半。"

赞美对于你的家人、朋友同样重要，俗话说："家和万事兴。"家庭和睦，则万事兴旺。作为父母，适当地赞美自己的孩子，可以使孩子更具有自尊心和自信心，可以沟通家长与孩子的感情。另外，朋友之间适当的赞美也是必不可少的。朋友对于我们每一个人都是非常重要的，有人说："没有朋友的生活等于死亡。"而朋友之间相互赞美是朋友产生的前提之一，因为既然成为朋友，就一定有双方相互欣赏的一面。

学会真诚的赞美才能符合时代的要求，同时它也是衡量现代人素质的一个标准，也是衡量一个人交际水平的标准。学会真诚的赞美是性情修养的需要，有助于使自己达到更高的人生境界。同时，赞美别人既是压力又是动力，因为压力而产生动力。因为你赞美别人就意味着你肯定了他人的优点与成绩，相对应的是，你逐渐意识到自己的缺点与不足。人只有不断地发现自己的缺点与不足，才能更好地完善自己，取得更大的进步。如某一个班上有两个同学同名同姓，其中一个成绩特别好，而另一个同学则成绩平平，一天，成绩一般的那个同学对成绩好的那个同学说："我俩姓名一个样儿，而你的成绩却每次都高我一大截，我真是打心眼儿里佩服你。"不过，后来这个成绩一般的同学变压力为动力，最终还考上了一所重点大学。

学会赞美别人，可以给你带来远见卓识，可以让你拥有宽广的胸怀，这些是一个人走向成功必备的性格和修养。同时学会赞美别人，可以使你获得真挚的友情，可以有很好的人际关系。俗话说，朋友多了路好走，此路不通还可以走彼路。赞美人还可以使自己产生压力感和紧迫感，从而成为进步的动力。如果你学会了赞美别人，你就拥有了开启成功之门的钥匙。美国第40任总统里根，出生于美国的平民家庭，先后从事过多项职业，20世纪60年代中期开始弃商从政，1980年当选为美国总统，被认为是美国历史上最杰出的总统之一。里根在78岁生日时对记者说："在我14岁的时候，我的母亲对我说，千万别忘了发现别人的长处，多说别人的好话。从此以后，我牢记这句话，甚至在梦里也不忘赞美别人。可以说是我的母亲塑造了我的一生。"里根总统的话再次证明了一点：学会赞美他人是你成功的阶梯。

倾听：了解他人的良方

在沟通中，有时倾听对方比倾吐自己更重要，它是了解他人的良方。

美国教育家戴尔·卡耐基在《人际关系》一书中，叙述了一个他亲身经历的小故事。一次，卡耐基同一位名人在晚餐会上交谈。席间，卡耐基自始至终只是充当了一个听名人讲话的角色。事后，名人却向晚餐会的主持者赞扬说"卡耐基是一个非常善于交谈的人"。得知此事后，卡耐基不禁大吃一惊说："我只是很认真地在听他讲话而已。"

富有魅力的人大多是善于倾听他人讲话的人。真正善听人言者比起善言者更能感动对方，更能唤起对方的亲近感。

平日我们也常听到有人抱怨，或者我们自己也一直在抱怨："为什么表达自己是那样的难。我总是那么笨嘴笨舌的，不善言谈，所以无法很好地与别人相处，人际关系也就总处理不好。"我想还是请你仔细地品味一下卡耐基的这段小故事吧。

不善言谈的人，亦是不善倾听他人言谈的人。因为他在交往中过于在意自己的行为，总是不断地惦念着：一定不能让对方笑话自己，要把话说得漂亮些，否则就得不到对方的认同。另一方面，他又为自己说的话达不到那种理想程度而感到十分苦闷。这样，当然也就不会聚精会神地倾听对方说的话了，免不了忽视了对方，很难真正在听别人讲话，而只是随便地点头附和，心不在焉地听听而已，有时甚至不等对方把一段话说完就迫不及待地自己说了起来。这是一种只要求对方听自己说话的单方面的交谈方式。

我们这个时代，是一个自我张扬的时代，即人人都想张扬自我的时代。假如人人都要张扬自我，自然就没有人会认真地倾听别人的言谈了。

日本长谷川町子先生画的著名漫画作品《恶老婆子》中，有这样一幅画。有一恶老婆子闯进别人家里进行偷盗。她先把那家的儿媳妇绑起来，然后手持菜刀威胁她说："照我说的去做！"对此，内白则云："我家的儿媳妇一点都不听我的话！"这幅画非常准确地把握了当今的社会状况。

实际上，在今天大多数人只知一味地张扬自我，而真心诚意地倾听对方陈述的人已很少见了。正因为如此，刚才提及的卡耐基的那种善听人言的优点才是最值得称道的。

下面介绍一个在工作上成功地发挥善听人言的例子。M小姐在某保险公司从事外勤工作已近20年了，是个经验非常丰富的行家。就是在公司众多外勤人员中，她的成绩也一直是出类拔萃的。她在劝客户上保险时不采用劝说的方法，这正是与其他外勤人员的不同之处。后者通常的做法是在客户面前摆上好几本小册子，然后向他们说明到期时间和应收金额，并口若悬河地以一种非常熟练的语调反复地讲述客户在投保后，将能得到多大的好处。

而M小姐却与此相反，这样的话一句也不说。她总是从对方感兴趣的话题说起，稍许谈谈自己在这方面的无知和失败的体会。原对劝说投保一事而素存戒心的对方因为她谈的是自己喜欢的话题，这样便在无意中跟她谈了起来。之后她总是听着，并为对方的讲述而感到钦佩和惊叹。对方却不知不觉地倾吐了内心的烦恼，谈了自己对将来的理想和希望。M小姐依然还是专心地听着。直到最后，M小姐才主动地说出投保的想法："这么说，还需要适当地投保啊！"

M小姐是一个善听人言的高手。不过，在此可以断言的是：她并不是因为生意上的缘故而装出一副倾听对方言谈的样子的。与此相反，M小姐在这段时间里甚至忘记了工作，诚心诚意、极其认真地听对方讲话。也正因为如此，对方才会对她敞开心扉，吐露真情。即便在旁人看来，他们之间的对话像是单方面的，但实际上，这二人进行着心灵上的交流和沟通。

要做一个善听人言者，这比任何一个雄辩者都更要吸引人，同时也是搞好人际关系的最有效的手段。

如何做到倾听对方呢？

要专心。倾听时要精神集中，神情专注。为表示自己在注意倾听，要多与对方交流目光，别人讲话时要适时点头，并发出"是""对""哦"等应答。但不要轻易打断别人的谈话，也不要随便插话，若非插话不可，要先向对方表示抱歉，并征得对方的同意，如"对不起，我可以提个问题吗"或"请允许我打断一下"。

要虚心。交谈中要尊重对方的观点，即使你不同意别人的看法，也不要轻易打断别人的谈话。如确有必要，需等人家讲完后再阐明自己的观点。特别是对方还没有充分地把自己的意思表达清楚的时候，不要轻易表态，乱下断语，也不要挑剔批评。否则会让人感到你有一种优越感，影响交谈的进行。

要耐心。交谈中要注意控制自己的情绪。有时会因为对方过长的发言或自己不感兴趣的话题而感到厌烦，这时要学会控制自己的情绪，不要使之表露出来，要耐心地听他把话讲完，这是对讲话人的尊重。特别是对方有意见的时候，要耐心倾听，给对方提供宣泄自己不满的机会，这样做有助于问题的解决。

距离：形成良好关系的秘诀

有一年冬天，天气格外寒冷。

有两只小刺猬，尽管躲在洞里，也尽量蜷缩着身子，但天气实在太冷了，它们仍然被冻得瑟瑟发抖。就在它们感觉快要被冻僵的时候，其中的一只刺猬忽然灵机一动，向另外一只建议道："我们靠紧一点，或许身上的热量会散发得慢一点。"另外一只也觉得有道理，于是，它们开始了尝试。但没想到的是，由于它们靠得太近，它们身上的刺刺到了对方。

虽然第一次尝试失败了，但由于它们在被对方刺痛的同时，也确实感觉到了来自对方的温暖，所以它们没有气馁，又重新开始了第二次尝试。这一次，为了避免伤害对方，它们开始小心翼翼地一点一点地靠近，最后，它们成功了。它们终于找到了一个合适的距离——既能感觉到对方的温暖，又刚好刺不着对方。

就这样，它们平安地度过了那个极度寒冷的冬天。

人与人的相处其实就像故事中的刺猬一样，离太远了不行，所以人们都在自觉不自觉地寻找适合自己的朋友；但离太近了也不行，太近了常会在不经意间伤害对方。

许多人都有这样的经验和体会：亲密的人际关系经常发生摩擦和矛盾，反倒不及初次交往容易，很要好的朋友常常会因为一点点小问题反目成仇，几十年的夫妻有时竟然在转瞬间就各奔东西。按理说应该是交往得越深就越容易相处，人际关系也越好，可事实上并非如此。原因何在？

很简单，就是人们忽略了一个"度"的问题。人们常说"距离产生美"，的确，尽管我们都有着美好的愿望，都希望自己所拥有的人际关系亲密度越高越好，但这是不够的，我们还必须要记住"亲密并非无间，美好需要距离"。

我的一个朋友曾向我讲过这样一件事情。

他说："上个月，我的大学同学进辉因为生意失败缺钱周转，我把所能资助他的五万元钱拿出来借给他。进辉很感动，他知道我是倾囊相助，所以，他每晚都会打电话来大吐苦水。我每天下班很晚回家后，还要花两三个小时陪他聊天解闷，说完他的事，他又开始说我家的事，而且上上下下的事他都不免要评论几句，大大小小的事他都要打听。开始，我觉得他心情不好，只要他问起，我都或多或少地说两句。可有一天我回家很晚，他和我妻子也絮絮叨叨地说了从我嘴里听说的我家的事，害得妻子以为我对她有意见。更糟糕的是，他在半夜三更会来找我，让我陪他去酒吧，这样的日子持续了将近一个月，我再也无法忍受了，妻子、孩子的生活也受到了影响，对我牢骚满腹。我觉得我能为朋友两肋插刀，可我已自身难保了，再也没精力帮他了。"

每个人都需要自由的空间，进辉的错误就在于挤占了他人的心理领地。

心理学家霍尔认为，人际交往中双方所保持的空间距离是人际关系的表现，研究发现，亲密关系（父母和子女、情人、夫妻间）的距离为18英寸，个人关系（朋友、熟人间）的距离一般为1.5～4英尺，社会关系（一般认识者之间）一般为4～12英尺，公共关系（陌生人、上下级之间）的距离为12～25英尺。

当然，我们不需要太过拘泥于某些数据，事实上我们也很难在人际交往中做得那么精确，我们需要的是坚持基本的原则，学会如何把握与他人之间的距离。

首先，要尊重别人的隐私。不论多么亲密的人际关系，也应彼此保留一块心理空间。人们总以为亲密的人际关系特别是夫妻之间、父母与子女之间似乎不应当有什么隐私可言，其实越是亲密的人之间越是要相互尊重隐私。

这种尊重表现为不随便打听、追问他人的内心秘密，也不随便向别人吐露自己的隐私。过度的自我暴露虽不存在打听别人隐私的问题，却存在向对方靠得太近的问题，容易失去应有的人际距离。

其次，要有容纳意识。容纳意识要求我们尊重差异，容纳个性，容纳对方的缺点，谅解对方的一般过错。过分挑剔的人不会有朋友。没有容纳意识，迟早会将人际关系推向崩溃的边缘。

最后，要懂得运用距离效应。距离效应是指由于时间的阻隔，彼此间有了距离；一旦把距离缩短，重新相聚，双方的感情得到最充分的宣泄，这时，距离就成了情感的添加剂。可见，有时距离的存在也能给人以美的享受。因此，应当培养自己拉开一定距离看他人的习惯，同时也不要时时刻刻把自己的透明度设置为百分之百。内心没有隐秘足显自己的坦荡，但因此失去了应有的人际距离，无形中为以后的人际矛盾种下祸根，这就不是明智之举了。

诚信：赢得高朋满座的资本

诚信是一种情感的表达。无论是夫妻、朋友还是同事，甚至是陌生人，良好的沟通与交流讲求的都是真情流露，这是建立在真诚表达、无欲无求的基础之上的。

诚信是人一生中最重要的资本。一个人糟蹋自己的信用，无异于在拿自己的人格做买卖，卖得越多，留下的也就越少。我们只有事事以"信"为重，才会有"信"满天下的那一天，到时，我们的人缘也会遍布天下。

如果你能够凭着诚信，让别人在心里承认你、信任你，那么你就有了交天下友的巨大资本。

赢得高朋满座，首先要对别人讲诚信，只有如此才能获得别人对自己的信任，与之结为朋友。只要你学会了讲究诚信，其所带来的收益要比获得千万财富更足以自豪。

但是，很少有人能够真正懂得诚信对于人们建筑人缘的重要意义。大多数的人都无意中在自己拓展人缘的路上设置了一些不必要的障碍。他们因不守诚信常常使一些有意和他深交的人感到失望。

孔子讲"民无信不立"。孟子说"言而有信，人无信而不交"。墨子云："言不信者，行不果。"所有这些无不强调了诚信是一种承诺、一种保证、一种真诚，讲诚信就是一诺千金。

英国餐饮业有一个不成文的规矩，用过的盘子一定要刷七次。有一次一个在校学生在酒店做临时雇员，开始很认真，每个盘子都刷七次，后来他感到厌烦，开始刷五次，之后又改为刷三次，始终没有人发现他的偷懒行为。终于，有一天老板在检查工作时，发现了他的这种不讲诚信、不按规矩做事的行为，便将其解雇了。这个雇员想去其他地方洗盘子，可是他不讲诚信的事传得到处都知道，以致其他酒店也不聘他！当一个人不讲诚信时，他失去的不仅仅是朋友，还有事业，可见诚信对于人何等重要。

在中华民族博大精深的文化底蕴中，"诚信"二字的分量可谓沉甸甸的。因为讲诚信，刘备充分信任、重用诸葛亮，最终成就了一番事业；同样因为讲诚信，诸葛亮知恩图报，辅助后主，力保蜀汉政权，鞠躬尽瘁，死而后已；还是因为讲诚信，关羽铭记"桃园结义"的誓言，"身在曹营心在汉"，"千里走单骑"，历尽千辛万苦也要回到刘备身边。人们崇拜诸葛亮，敬仰关羽，就是崇拜、敬仰他们这种恪守诚信的可贵品质。

一些年轻人认为：一个人的诚信建立在金钱的基础上，一个人有钱、有雄厚资本，就象征着有诚信。这种想法是极端错误的。讲诚信在于身体力行，一个人是否讲诚信不取决于他的财富，而取决于他对待别人是否有一颗诚实守信的心。

不管在哪个时代，人们都不能离群索居。人和人之间要有顺畅的交流、沟通，彼此寻求寄托与抚慰，这是对个体存在的承认，更是对生存状态的肯定。而彼此认同的产生其实就是一个彼此信任、互相接纳、多元包容的过程。作为社会的最小个体，我们不能强求别人守承诺，但我们自己要能做到真诚守信，信任他人。

现在，社会越来越开放，人际交往越来越频繁，要获得别人的情感认同，不断取得信任，就应该"己所不欲，勿施于人"，"己欲立而立人"，从小事做起，友善待人。要知道，不管时代怎么变，诚信作为为人处世的基本准则不会变，也不能变。

著名心理学家马斯洛在研究了大量著名人物之后指出，一个人要走向成功或走向健康的个性有八条途径，其中两条是与诚信相关。如有怀疑时，要诚实地说出来而不要隐瞒，在许多问题上反躬自问都意味着承担责任。诚信是一个人成功的潜在力量，它将使你与众多的人建立起密切和谐的关系，为生活大厦打下坚实的基础。

所谓"信，诚也"，指的就是心口合一。一个人必须先做一个诚实守信的人，然后才能获得他人的信任。中国历来有"一诺千金""言必信，行必果"的说法，指的就是做人要重诺言、守信用。

一个讲诚信的人，他的自我是纯真的、稳定的、健康的，体现出一种理想的道德力量和意志力量，为他人所信赖。率真是真诚的另外一种重要的品质，它指的是一个人能如实地展现自己，不自欺欺人，这是建立在真实基础上的自尊自重。莎士比亚在《哈姆雷特》中说："对自己要诚实，才不会对任何人欺诈。"因而，真诚和守信用是一个人自尊自重的表现。

一个人诚实守信与否，涉及他是否有自尊自重的素质。西塞罗说："没有诚信，哪来尊严。"诚信的人必然能够得到他人诚信的回报。在与他人的交往中，我们先要以诚待人、相信他人，这应当是交友处世的第一原则。要知道："隐瞒真实，就是欺骗自己。"至于他人会对我们怎样，那是另外一回事。

诚信的基础是信用。诚信就像是一辆直通车，选择的是沟通心灵距离的最佳路径，唤起的是一种大家发自肺腑的参与感、认同感和荣誉感。

在这个时代，人格信誉是自身最宝贵的无形资产，是每个人的立身之本。李嘉诚总结自己的成功经验时说："人的一生最重要的是守信，我现在就算有多十倍的资金，也不足以应付那么多的生意，而且很多是别人找我的，这些都是为人守信的结果。"一个诚信的人，他的一生将因此拥有更多人缘，更多成功的机会，从而受益无穷。

Part5 社交武器：有技巧才能有好人缘

俗话说：工欲善其事，必先利其器。要想拥有成大事的人缘资源，必须首先掌握好一些人缘技巧，使陌生人变成你的朋友，成功结交自己生命中的贵人。这就需要在与人交往时充分做好准备工作，做到了解对方，对症下药，在结交过程中充分进行沟通，逐渐拉近关系，让他人最终接纳自己。

先花三十分钟了解对方

一个小镇上有一个商人，他经营的只是一个不大的煤矿，但是后来，他却成了许多大公司的领袖，每年生意额高达九位数之多。尤其是全世界的自动电话材料，有80％都是他提供的。他是如何做到这一切的？答案并不复杂，他是抓住了那次出售自己煤矿的机会。

整顿那个煤矿花了他两年的时间，但最后他以140万的价格把那个煤矿卖掉了，这个价格让他赚了95万。然而这个并不是更重要的，更重要的是在做这桩买卖的过程中，他认识了很多知名的商人和实业家，并和他们结下了深厚的友谊，这对他将来事业的发展提供了很大的帮助。比如，这中间有很多人，在随后都成了他商业上的同伴。而且结识了这些人以后不久，他就和12家银行有了往来，其中有很多家银行是因为他在整顿自己的煤矿时，和他往来的结果。那么，他又是如何轻而易举地和这些人建立了关系的呢？

他这样介绍自己的经验："在我和每一个想要结识的陌生人见面或接触之前，我都会花三十分钟甚至更长的时间从各种渠道收集这些人的信息，然后把它们研究透。收集了足够的资料后，我就可以知道这些人的习惯、见解、特性，以及他们所读的书名。我把这些书买下来，再认真地研究一番。此外，他们对于时局上重要事件的意见，我也会牢记在心，同时我也会把自己在这方面的反对意见陈列出来，当然，这些意见未必是能博得别人同意的。总之，在我和这些人接触的时候，我希望我们的立场能一致，并以他们可能乐意的条件谈生意。"正是靠着事先对目标人物的研究和了解，这个年轻的商人接二连三地把那些重要的人物说服了，并和这些人之间建立了良好的关系，为以后的生意积累了雄厚的人脉资源。在后来面对每一个生意上的朋友、合作伙伴、对手以及顾客时，他也都会预先做一番考察，以做到知己知彼，百战百胜。

可见，在和一个陌生人进行重要的会晤之前，尤其是在征服那些你需要控制或说服的人之前，最好的办法，便是事先对这个人进行充分研究，做到对他透彻了解。你必须仔细地考虑一下他们与众不同的特点何在：比如他们的特性、能力、特殊嗜好、需要和爱好。你要设法弄清楚你要去面对的每一个人的性格和立场，并用相应的方法去应付他们。

为了做到这一点，你要从各种渠道去尽量收集与对方有关的各种信息，并至少花三十分钟的时间去了解这些信息，这样你才有可能把对方研究透彻。即使是那些你事先没有条件去研究的人，从和他第一次见面起，你也不难收集到那些能够揭示他的品行、喜好的细节，而你所需要做的就是对一些琐碎的事件做一番仔细的观察。

比如，在你进入一个人的办公室时，你需要把办公室以及这个人自身的一些情形系统地留意一番：比如墙上以及桌上的图画，以推测这个人的家庭、兴趣以及嗜好；还可以观察桌子上的摆设，以推测这个人在公司中的地位以及他的工作方法。总之办公室里的一切小事物，都可以用来评估这个人的品行、爱好及习惯。许多推销员都善于使用这种技巧，并因此而建立了很多关系，做成了很多单生意。

所以，在和一个对你来说比较重要的人会面之前，尤其是当这个人是一个陌生人时，最有用以及最必要的一件事就是花上三十分钟甚至更长的时间对这个人详细研究一番，加深对他的印象，增进对他的了解，为建立关系奠定基础。有了这个准备工作，在接触时就容易多了。

寻找对方的兴趣点

投其所好很久以来就是一个为人所鄙夷的贬义词，但事实上，它实在是一个征服陌生人、与陌生人建立良好关系并促成生意成交的诀窍。

管理学家认为，情感引导着人们的行动。积极的情感，比如喜欢、愉悦、兴奋等，往往产生理解、接纳、合作等行为效果，通常能让对方接纳你；而消极的情感，如讨厌、憎恶、气愤等，则会带来排斥和拒绝，通常不利于双方关系的建立。所以，要想让陌生人顺利地接受你、促成双方达成生意，你就首先需要对方喜欢你，否则，你的尝试就是失败的。要使别人对你的态度从排斥、拒绝、漠然处之到对你产生兴趣并予以关注，就需要你最大限度地引导、激发对方的积极情感，即寻找对方的兴趣点，然后投其所好。

盛宣怀是中国近代史上第一代实业家，他所创办的近代轮船、电报、煤铁矿、冶炼、铁路、银行、纺织等企业，为中国经济的近代化做出了卓越的贡献。他本人就很善于在和别人接触时寻找对方的兴趣点，然后投其所好，对方喜欢什么他就说什么，从而赢得对方的好感，为自己的生意铺设基石。有一段故事，就很好地体现了这一点。

为了从清政府手中揽下督办电报业，盛宣怀请李莲英把自己引荐给醇王。醇王答应接见盛宣怀，向他垂询有关电报的事宜。盛宣怀以前没有见过醇王，但与醇王的门客张师爷交往甚密，从他那里了解到两个情况：一、醇王跟恭王不同，恭王认为中国要跟西洋学，醇王则不认为中国人比洋人差；二、醇王虽然好武，但自认为书读得不少，颇具文采。盛宣怀了解情况后，就到身为帝师的工部尚书翁同龢那里抄了些醇王的诗稿，念熟了好几首，以备"不时之需"。盛宣怀还从醇王的诗中悟出了些醇王的心思，毕竟"文如其人"。胸有成竹之后，盛宣怀前去谒见醇王。

当他们谈到"电报"这一名词的时候，醇王问："那电报到底是怎么回事？""回王爷的话，电报本身并没有什么了不起，全靠活用，所谓'运用之妙，存乎一心'，如此而已。"醇王听他能引用岳飞的话，不免另眼相看，便问道："你也读过兵书？""在王爷面前，怎么敢说读过兵书？那时英法内犯，如果不是王爷神武力擒三凶，大局真不堪设想了。"盛宣怀略停了一下又说，"那时有血气的人，谁不想雪洗国耻，宣怀也就是在那时候，自不量力，看过一两部兵书。"盛宣怀真是三句话不离醇王的"本行"，他接着又把电报的作用描绘得神乎其神，醇王也感觉飘飘然，后来就把督办电报业的事托付给了盛宣怀。

人们常说，不打无准备之仗，当一个人特意要去结识一个从未打过交道的陌生人时，也应该把这一过程当成一次不可忽视的挑战，事先做好充分的准备。一方面，可以通过多种渠道了解对方的背景、经历、性格、喜恶；另一方面，在对对方的基本情况了如指掌的前提下，设想有可能出现的问题，做好以不变应万变的心理准备。然后，在交往之中针对对方的兴趣喜好有的放矢、投其所好，令其大有"相见恨晚"之感，从而成功赢得对方的信任，为双方建立稳固的关系。当然，即使是寻常的陌生人，你也该以此赢得对方的好感。

人与人之间最明显的不同就存在于每个人的个人兴趣里，如果能把这种差别找出来并加以利用，往往能为双方建立关系、发展生意，取得事半功倍的效果。所以，要想和一个陌生人搞好关系，首先就要了解一些与他们有关的信息，比如：构成这些人生活的一些人和事，他们曾经说过、想过、做过的主要事情，他们的习惯，他们的癖好，以及他们对某些问题的看法。这些都在你应该了解的范围之内。这种建立关系的要旨就是：从外围突破，在进入堡垒之前，先对堡垒周边的环境有一个大致的了解，做到心中有数，有了这样的基础，在接下来一步步接近目标时，你才会胸有成竹，不慌不忙，准确揣摩对方的心思，投其所好，最后轻松达到做大自己生意的目的。

勤于寻找谈话资料

和人谈话的第一印象相当重要，因而若以漫无头绪的话题开始，说不定会使对方怀疑自己的诚意而引起反感，所以，寻求开辟话题的关键语乃是见面谈话应注意的基本事项。换句话说，须找出与对方谈下去的契机。对新入行的业务员而言，第一次与客户见面难免会有惶恐不安的感觉，不知对方究竟为何方神圣，自己又该如何展开话题。为避免有如此困扰，建议你不妨事先收集有关对方的背景资料，而后利用这些资料寻找话题。

举例来说，如果约谈某证券公司的经理，则应先设法了解股票行情、其所属证券公司的经营情形、对方的交友情形及个人资料等，甚至连他的喜好、兴趣也应事先知道，然后根据这些资料设计话题。

依着个人好恶交友，难免会遇到不想接近的人，然而，一旦这种对象过多，将造成自己行事的阻碍。尤其是刚踏入社会不久的年轻人，如此无异于缩小交友范围，而使自己的人生变得乏味。希望拥有幸福美好而成功的人生，必须掌握开启它的钥匙——朋友。增加"不想接近者"，便是减少开启人生大门的钥匙了。刚踏入社会时，由于经历浅薄，认识的人自然不多，却因惧与人接触、讨厌交际而不愿与人交往。为防止这种情形，应以坦诚之心面对朋友，确认对方是否真为难以接近者，并检讨与之格格不入的原因，千万不可因为自己不成熟的个性，而放弃结交好友的机会。

任何人在面对较自己优秀的上司及同事时，自卑心理在所难免，但若就此自暴自弃、不求上进，则永远也无法成为优秀人才。此刻，应有"现在虽是候补选手，将来定有成为明星选手的一天"之气概，尽快消弭心中的自卑，并好好发挥自己的特色及能力，才能有所成就。另一个造成生人难以接近的原因则为"不投缘"，这常是心中的感情在作祟。其实，由于各人生长环境不同，个性、习惯自然也有别，若只由自己的主观意识来决定好恶，则可能会因"偏见"而影响双方的感情。

如果已累积相当的社会经验，再依此为基础判断对方的为人，或可理性而正确地评断对方。但若只是初出茅庐的小伙子，便大谈投不投缘的问题，这样武断的方式极可能为自己的前途造成负面影响。

逐渐拉近彼此的关系

在一次酒会上，建材商许某结识了某建筑公司的老板安某，许某知道安某很有"能量"，将来会对自己很有帮助，因此表现得特别热络。交谈中，碰巧发现两人都曾在东北某旅当过兵，这样两人的关系更亲近了，随后两人互留了电话，约好以后常联系。两天后，许某约安某到一个名为"军人之家"的饭店吃饭，两人一边吃饭，一边谈在东北的日子，气氛相当愉快，之后的一段时间里，他们常常到彼此家中做客，一起打篮球、爬山，尽管他们相识还不到三个月，但也可以称得上是不错的朋友了。半年后，安某接了项大工程，而许某则顺理成章地成为了最大的建材供应商。

许某交朋友的本事是很厉害的，他没有表现出急于求成的样子拼命地套近乎，而是找到一个突破口，一步步地拉近彼此的关系。一回生、两回熟，多来往几次，陌生人也就变成了好朋友。

俗话说："人情卖给熟面孔"。给面子往往是熟人之间的事。因此，聪明人与陌生人拉关系、套近乎，善于讲究方法，讲究步骤。只要能打开突破口，就要毫不放松，接二连三地贴上去，日久天长，双方的关系就有点儿扯不清了。这里总结了一套技巧，现介绍如下：

1. 制造机会，接近对方。

人对自己身体四周的地方，都会有一种势力范围的感觉，而这种靠近身体的势力范围内，通常只能允许亲近之人接近。如果允许别人进入你的身体四周，就会有种已经承认和对方有亲近关系的错觉，这一点对任何人来说都是相同的。

某杂志刊登过这么一则文章，标题是《手放在你肩膀，我们已是情侣》。的确，本来一对陌生的男女，只要能把手放在对方的肩膀上，心理的距离就会一下子缩短，瞬间就在心理上产生双方是情侣关系的感觉。推销员就常用这种方法，他们经常一边谈话，一边很自然地移动位置，挨到顾客身旁。

因此，只要你想及早形成亲密关系，就应制造出自然接近对方的机会。

2. 见面时间长不如见面次数多。

成功的推销员，会经常到主顾家中去，这被认为是和主顾熟悉的要诀之一。尤其是以"我到附近来办事，顺便来看看你"这种说法，更能让对方觉得你们是熟人，更能抓住主顾的心。像这样习惯于亲近的方法，在心理学方面被认为和学习一样。一般对学习的看法，认为集中学习不如分散学习来得有效。

譬如我们要用24小时学习，那么一天用功两小时而连续一个礼拜，要比一口气熬夜学24小时更加有效。此外，到驾驶训练班学习驾车，一天的练习时间也都有一定的限制，绝不会让你超出时间，也就是利用这种分散学习的方式而产生良好的效果。

在人际关系方面，使对方产生亲近感，是给予对方好印象的基本条件。而要满足这项条件，利用这种"分散效果"，可说是给对方强烈印象的科学的方法了。

整夜在一起喝酒的朋友，和有长时间交往的朋友相比，乍看之下好像前者的人际关系较稳固，但实际上，这种关系如不加以持续，交情就会愈来愈淡，这是显而易见的。譬如有人问你："你和某人的关系如何？"而你回答"我见过一次"和"偶尔会见面"，那么给人的印象就不同了，而和"常见"这个回答又更不同了。道理显而易见，见面的次数和两人之间的亲近度是成正比的。所以，我们在与对方交往的过程中，必须注意一些法则。

这个法则就是"一回生，二回半生不熟，三回才全熟"。也就是要采取分散渐进的方法，而且是长期的、对方不知不觉的。对此，善交际的聪明人是这样解释的：

第一，人都有戒心，这是人类很正常的反应，一回生，二回就要"熟"，对方对你采取的绝对是关上大门的自卫姿态，甚至认为你居心不良，因而拒绝你的接近，有权势之人更是如此。

第二，每个人都有"自我"，你若一回生，二回就要熟，必定会采取积极主动的态度，以求尽快接近对方，也许对方会很快感受到你的热情，而也给你热情的回应，可是大部分人都会有自我受到压迫的感觉，因为他还没准备好和你"熟"，他只是痛苦地应付你罢了，很可能第三次就拒绝和你碰面了。

多个朋友多条路，我们应当努力扩大交友范围，把陌生人变成好朋友。不过与陌生人结交时，千万不要急在一时，交友应该是渐进式的，不要让对方觉得你是带着目的与他交往的。

主动寻找双方的相同点

在交际应酬中，人们往往会因为彼此间存在着某种共同之处或相似之处，从而感觉到相互之间更加容易接近。这种共同之处或相似之处，可以是血缘、姻缘、地缘、学缘、业缘关系，也可以是志向、兴趣、爱好一致，也可以是彼此共处于同一团体或同一组织。总之，只要有相同或相似的地方，彼此就更容易走近。

也许这是不公平的，但人们喜欢和自己相同或类似的人打交道却是不争的事实。选择朋友相处时人们都会找那些令人感到舒适的人，还有什么人能比那些和自己相同或相像的人更能让我们感到舒适的呢？这就是人际交往中的相似法则。

曾有研究显示，一些公司总裁、人力资源经理在招聘员工时，总是倾向于雇用与自己相同类型的人。而人们对那些与自己体形、长相类似的人，通常都有较强的吸引力，甚至会择其为偶。有一个心理学家做过的一个试验，更是说明了这一点。他将十几个素不相识的人关在一间小屋里，与世隔绝。几天后发现，有共同爱好的人，或者性情相近的人，大多成了朋友，而那些没有共同爱好的人，以及性情较远的人，则仍旧形同路人。这也是所谓的"物以类聚，人以群分"。

这种相似法则对我们的人际交往有利也有弊，利的是对那些与自己有某些地方相同或类似的人，我们很容易就可以吸引对方；弊的是对那些与自己没有任何相同或类似地方的人，我们就很难吸引他们了。但是，即使我们遇到的交往对象是后者，我们也同样可以主动创造一些相同的地方，以吸引对方的好感。在与客户初次打交道时，就要善于寻找或创造一些相同或相似之处。

有一个保险业务员，准备去拜访一家企业的老板，由于各种原因，他用尽各种各样的方法，都无法见到老板。

有一天，业务员终于找到了灵感。他看到附近杂货店的伙计从老板公馆的另一道门走了出来，业务员灵机一动立刻朝那个伙计走去。

"小二哥，你好！前几天我跟你的老板聊得好开心，今天我有事请教你。请问你老板公馆的衣服都由哪一家洗衣店洗的呢？"

"从我们杂货店门前走过去，有一个上坡路段，走过上坡路，左边那一家洗衣店就是了。"

"谢谢你，另外，你知道洗衣店几天会来收一次衣服吗？"

"这个我不太清楚，大概三四天吧。"

"非常感谢你，祝你好运。"

业务员又顺利地从洗衣店店主口中得到了这个老板西装的布料、颜色、式样的资料，然后去西装店，要按这些要求做一件完全相同的衣服。

西装店的店主对他说："你实在太有眼光了，你知道企业名人某某老板吗？他是我们的老主顾，你所做的西装，花色与式样，与他的一模一样。"

业务员假装很惊讶地说："有这回事吗？真是凑巧。"

店主主动提到企业老板的名字，说到老板的西装、领带、皮鞋，还进一步谈到他的谈吐与嗜好。业务员将这些都牢记在心。

有一天，机会终于来了。当老板出现在公司之前时，业务员穿上那一套西装并打上搭配的领带，从容地站在老板面前。

"老板，你好！"

如业务员所料，这个老板看到一个和自己的穿着一模一样的人，先是大吃一惊，一脸惊讶，接着恍然大悟，哈哈大笑起来。

后来，这位老板成了这名业务员的客户。这名业务员正是培养了与客户一样的爱好和兴趣，引起了客户的兴趣和好感，使客户产生了想进一步了解他的欲望，因此才促成了建立关系的机会，并做成了这笔生意。

所以，为了使自己给客户留下良好印象和积极评价，我们有必要在交往或服务过程中积极创造条件，努力寻找或培养双方的共同点，以吸引对方乐于与你交往。

求人先要"捧"着人

有位朋友叫万霖，人送外号"万事通"，就是说他无论办什么事都能畅通无阻，让人羡慕不已。

这位"万事通"先生完全掌握了获得别人好感的诀窍，那就是先赞美再求人。人处世间，难免有求人办事的时候，事儿是否能办成，还要看你是否能与对方拉好关系，讨对方的喜欢。我们都知道，赞美别人能增加别人对你的好感，如果你能恰当地赞美对方，那么对方在获得心理满足之后也一定会乐于满足你的要求。

求人办事时赞美别人和在一般交往时赞美别人还有不同，前者的赞美应当更有针对性。

1. 有目的地赞美对方。

心理学证明：当一个人骄傲地谈到他的专长或他所取得的成绩时，你适时地提出与之相关的要求，在这样的时刻，他拒绝你的可能性最小，你的要求得到满足的概率最大。所以，当你有求于人时，就需要运用赞美，营造一个合适的氛围，使你的需求最大可能和最大程度地得到满足。

有些人只知道自己诉苦，去让别人帮忙，激发别人的同情心，还是不够的。在话题展开即问题提出之前，先行赞美是很好的铺垫。

有位朋友吴先生，他认识许多学术界的泰斗，并常常得到他们的指点。问及他们之间的相识，也是缘于赞美运用的得法。因为有很多人也曾拜访过这些大师，但往往谈不几句便无话可说，很快被"赶"了出来，而他竟成为大师们的座上客，其中有奥秘自不待言。作为准备在学术领域有所建树的吴先生，自然也很仰慕这些大师，他深知拜访这些人不易，在每次拜访一位第一次见面的专家前，他都会先将这个人的专著或特长仔细研究一番，并写下自己的心得。见面之后，先赞扬其专著和其学术成果，并提出自己的想法，他这种投其所好的赞美自然也就激起了大师的兴趣，并有共同话题，于谈话中，吴先生又提出自己不理解的地方，请求大师指点，在兴奋之际，大师自然不吝赐教，于是吴先生既达到了结交的目的，又增长了许多见识，并解决了心中存在的疑惑，可谓一举多得。

此例中，吴先生就在有求于人时，巧妙地运用了赞语。自己所称赞的，正是对方引以为自豪，并最感兴趣的，自然使对方高兴，使其心理得到满足，此时，吴先生的问题也就不成为问题了。当然，在这两个例子中，这只是生活中的一个方面，如果运用恰当，在生活的方方面面都能行得通。

2. 有计划地赞美对方。

一个人的心情在其交往过程中，影响巨大，好的心情，会使一些本来难以处理的事情变得顺利。那么，在有求于陌生人时，就要运用赞美，使他或她的心情好起来，并对你谈的问题感兴趣。

周凡是某油漆公司的推销员，他所在的公司刚刚开发出一种新型油漆，虽然广告费用了不少，但始终打不开销路。这种新油漆色泽柔和、不易剥落、防水性能好、不退色等等，具有很多优点。周凡决定以市内最大的家具公司为突破口，来打开销路。

考虑了一下后，他直接来到一家家具公司，找到他们的总经理，"听说贵公司的家具质量相当好，特地来拜访一下。久仰您的大名，您又是本市十大杰出企业家之一，一定不要吝惜指点一下我这个后辈呀！"总经理听了很高兴，开始向他介绍公司的产品、特点，交谈中谈到他从一个贩卖家具的小贩，走向生产家具的大公司的历程，还带周凡参观了他的工厂。在上漆车间里，总经理拉出几件家具，向周凡炫耀那是他亲自上的漆，周凡夸了几句后，顺手将喝的饮料倒了一点在家具上，又用一件螺丝刀轻轻敲打，总经理很快制止了他的行为。还没等总经理开口，周凡说话了："这些家具造型、样式是一流的，漆上得也很光滑，但这漆的防水性不好，色泽不柔和，并且易剥落，影响了家具的质量，不知对不对？"总经理连连点头称是，并说起听说周凡所在的公司推出了新型油漆，但并不了解，没有订购。周凡从包里掏出了一块六面都刷了漆的木板，只见它泡在一个方形的瓶子里，还有另外几块上着各种颜色的漆的木板。周凡声称，泡在水中的木板，已浸了一个小时，木板没有膨胀，说明漆的防水性好，用工具敲打，漆不脱落，放到火上烤，漆不退色。于是这家公司很快就成了周凡公司的大客户，双方都从中受益。

周凡一开始并没有直接称赞自己的油漆多好，而是从赞美这家公司的产品入手，又赞美了总经理的奋斗历程。受到赞美的总经理非常高兴，带领客人去参观其产品，周凡在其心情愉快之后，在车间内，点出了该家具公司的产品的油漆性能差，直接影响到了家具的质量，并在此刻，展示了他们公司最上乘的产品。于是，总经理很自然地接受了他的建议，周凡争取到了这家客户，达到了推销产品的目的。

好话人人都爱听，多说几句好话又不费钱，因此求人办事时不妨多捧着对方说话。不要把捧人说话归入"拍马屁"一类，这只是为求办事成功采取的一种战术，掌握了其中的奥妙，你办起事儿来就会更加方便了。

利用六度分离效应

你有没有过这样的经历？偶尔碰到一个陌生人，同他聊了一会儿后发现你认识的某个人居然他也认识，然后一起发出"这个世界真小"的感叹。那么对于世界上任意两个人来说，借助第三者、第四者这样的间接关系来建立起他们两人的联系，平均来说要通过多少人呢？1967年，哈佛大学的心理学教授斯坦·米尔格兰姆（Stanley Milgram）通过一次连锁性试验，创立了一个著名的社交理论——六度分离理论，简单地说就是："你和任何一个陌生人之间所间隔的人不会超过六个，也就是说，最多通过六个人你就能够认识任何一个陌生人。"按照六度分离理论，每个个体的社交圈都可以不断放大，最后就可以成为一个大型的关系网络，这就是整个社会。也可以说，整个世界都是你关系网络的附属品。

为了更深入地研究素昧平生的人如何能够建立起联系，美国哥伦比亚大学的邓肯·沃茨等人曾发起名为"小小世界"的研究计划，在13个国家随机挑选了警察、兽医和档案员等18名收件人，并在全球范围内招募了大量志愿者。这些志愿者的任务是通过自己的朋友或熟人转发电子邮件，将信息传递给其中一名目标收件人，但不允许查到收件人的电子邮件地址直接给这个人发信。结果，除了一些参与者丧失了兴趣，导致一些链条没能一直传递下去外，凡是那些成功建立联系的志愿者，平均只要通过五到六个步骤就可以将信息转给任何一位目标收件人。当然，这个实验中因特网只是手段，社会关系网才是目标。

六度分离效应说明了这个社会中普遍存在着一些"弱链接"，这些"弱链接"虽然在平时很难看见，也很难感觉到，但是在人际关系中却可以发挥出非常强大的作用。你可以通过你的朋友以及朋友的朋友，转而认识到一些来自世界各地、各行各业的陌生人，从而拓展你的人际关系网络。比如当你遇到一个想结识的陌生人时，不妨先和他天南海北地聊上一通，也许很快你就会发现，他的一个朋友和你的一个朋友竟然彼此非常要好。有了这一层联系，你们之间要建立关系就容易多了。

约翰是一家著名制药公司的资深销售副总裁，一个业务员第一次去拜访他的时候，两个人在办公室里愉快地开始了谈话。约翰告诉这名业务员，他的女儿住在南卡罗来纳州的查尔斯顿。

这个业务员总是留意与对方建立联系的机会，于是便说，他的侄女在斯布鲁克工作，那是一个离查尔斯顿不远的一个岛屿。约翰便问："是吗？我的女儿是在基阿瓦工作。"那是一个和斯布鲁克相邻的一个岛屿。于是业务员继续说道："我侄女在斯布鲁克的一家高尔夫球商店工作。"

约翰接着问："她叫什么名字？"业务员告诉了他，之后约翰说："她是我女儿的好朋友。"在这之前，业务员从来没有见过约翰，但是通过他女儿和自己侄女之间的关系，在转瞬之间，两个人就建立了联系。后来，约翰成为这名业务员最大的客户之一。

不管你是否相信，这个世界确实很小，通过一个个"节点"或"连接点"，你很容易就可以和一个陌生人建立起联系。要拓展你的关系网，不能不利用这一点。

在和一个陌生人接触时，你应该尽量了解他的信息，并随时为建立关系保持警觉。只要你一直都在寻找建立联系的机会，那么这种机会就有很大的可能被你找到。因为它们存在于你知道的所有事情中，在你生活的世界中，在和你有商务往来的客户中，还有在你的客户所知道的所有人和所有的事情中。任何时候，你与他人建立了某种联系，比如你们发现了有共同的朋友、同事或者熟人，那么你们的关系就很容易发展了。

帮助他人取得成功

人与人的交往离不了相互帮衬、相互维护，这才能使自己赢得最好的人缘。

胡雪岩在生意场上之所以能赢得左宗棠这座大靠山，其实归根结底，还是因为他帮助左宗棠建立起了自己的功业。因此与其说是左宗棠在帮助胡雪岩，倒不如说是胡雪岩先帮助了左宗棠，这样各有所予、各取所需、各有所得。

像左宗棠这样自比诸葛亮，做事光明磊落的封疆大臣，对小恩小惠是不屑一顾的，他看重的是可以辅助他成就大业的人才。胡雪岩深知这一点，因此他帮助左宗棠的方式，主要就是对左宗棠在施展抱负、建功立业的过程中给予莫大的帮助。

胡雪岩把受王有龄的委托、从上海采办来、因故未能运往杭州的军需大米一万石，作为谒见当时新任闽浙总督兼浙江巡抚左宗棠的见面礼，解了左宗棠的燃眉之急，因而得到了左宗棠的信任。随后，胡雪岩又给左宗棠提了个建议，在太平军里劝捐，从而顺利解决了左宗棠军中的军饷问题。当时连年战争，国库早已空虚，清军军费的自筹极为困难，而胡雪岩一条妙计便解决了这一难题，使左宗棠知道这确实是一个难得的人才，于是倾心接纳。

随后，两个人开始了长达20年的亲密合作。胡雪岩通过购买武器、采粮，为左宗棠镇压太平军及陕甘回民起义提供了大量的帮助，在洋务运动中胡雪岩也出了很大的力。更难能可贵的是，在左宗棠六十多岁的高龄挂帅出征，与阿古柏等分裂势力逐鹿西北边疆的时候，左宗棠的政敌冷嘲热讽，各省观望不去增援胡雪岩却精心选购西洋军火，奔走筹借洋款，为左宗棠收复新疆这一中外瞩目的大事出了很大的力。

正因如此，胡雪岩才能得到左宗棠的高度信任和倚重，才能把出将入相的左宗棠经营成了自己的靠山，他自己也才能在总办粮台、劝捐、军火买卖和借款中，捞了不少好处。当然，更重要的是，由于成了左宗棠手下的红人，胡雪岩在商场上更是左右逢源了。这一切，都是在他帮助左宗棠取得成功时得到的。

战国时期的吕不韦也同样是一个高手。刚开始时他只是一个商人，当秦昭王的太子、安国君的儿子子楚以王孙的身份在赵国做人质的时候，吕不韦以商人所特有的精明眼光意识到，这个王孙绝对是一个值得先扶一把的人物，于是决定在他身上投资。等到吕不韦帮助子楚顺利登上王位的时候，他自己也就被封为了文信侯，并享有河南洛阳十万户的赋税收入，同时成为秦国的一代名相。

生意场上讲究"双赢"，对方从你这里得到好处了，或者在你的帮助下他才取得了成功，那么他自然不会忘了你。只有这样，才能在你们之间建立长期的合作伙伴关系，才能为你的生意拓展出更为广阔的市场空间。

所以说，将欲取之，必先予之。要想从对方那里得到成功，你就要先帮助对方取得成功。

学会结交贵人的窍门

何先生大学毕业后在一家广告公司干了两年，就萌发了自己开公司的念头，当时一些同学、朋友都劝他说，还是别冒这个险了吧！搞广告得有关系网才行，小广告公司根本站不住脚。但何先生还是不顾众人的反对，成立了自己的公司。成立之初，公司只能靠小客户勉强维持运转，这绝不是长久之计。于是何先生决定亲自出马去找贵人相助。这贵人自然就是指大老板、大客户，可是大老板也不是轻易就能联系上的，更别说让他帮你的忙了。但何先生自有办法，他听说天盛房地产公司的老板吴总是个保龄球发烧友，于是他便频繁出入于市内的几家高级保龄球俱乐部，并在一次打球时结识了吴总，他精湛的球技也给吴总留下了很深刻的印象。从此以后，何先生摸准了吴总的打球时间，频频出现在他面前，两人也成了亲密的球友，吴总把何先生称为"小老弟"。一段时间后两人的交往不再只限于球场上，经常一起出去吃个饭什么的。11月20日是吴总的生日，别人送的无非是些名酒、茶具，何先生却别出心裁地送了他一个精工制作的保龄球，吴总高兴得简直不愿把球放下。以后的事情当然就是顺理成章。吴总在了解了何先生的处境后，对广告公司的实力做了评估，然后把近60%的业务都交给了何先生。除此之外，他还介绍了许多大老板给何先生认识，结果在短短的一年时间里，何先生的广告公司就发展成了大广告公司。

何先生只是个年轻商人，但他结交贵人的本事却不得不令人叹服。在生意场上，初创业者往往起步艰难，如果能得到某大老板的青睐，那么对自己的事业就会大有帮助，因此我们有必要学学结交大老板的窍门。

1. 从贵人的社会关系着手。

大公司的老板或知名老板是很难与一般老板会面的，但是，若能与他们合作或与他们交上朋友那真是很荣幸也是很珍贵的，因为从他们那里你会大开眼界，学到许多你平常学不到的东西。

要与大老板交往，最基础的工作就是要掌握大老板的社会关系。

大老板也是人，他们有各种社会关系，有各种各样的业务，也有各种各样的喜好、性格特征。特别是现代媒体，经常关注一些大老板的情况，从中你定会对他们有所了解。

人都有各种各样的社会关系，大老板亦如此。你可以从他的历史上认识，他的过去、他的经历、他的祖辈、父辈，也可以从他的亲属、他的朋友、他的子女等等那儿认识了解他。

从业务上了解大老板也是一条好途径。他经营的业务范围主要是哪些，他的分公司、子公司分布在什么地方，这些公司的经营者是谁，他多长时间会查看分公司、子公司等等。

还可以从兴趣爱好上了解大老板。他喜好什么运动、什么物品、什么性格的人，他喜欢或经常参加什么聚会，他休闲、娱乐的方式有哪些，常到什么地方等等。比如上文中的何先生就是通过保龄球结识了他的贵人。

总之，要结交一个大老板又没有机会的时候，你不妨从以上几方面去了解，总会发现一些机会的。

2. 初次见面要引起贵人的注意。

当你发现了或者制造了与大老板见面的机会后，最重要的便是如何引起他对你的关注。因为，在众多的人物当中，也许你本身就是芸芸众生中的一员，说不定连话都跟大老板说不上。

在共同出席的会议或聚会上，选择位置时，一定要选择一个与大老板尽可能近的位置，以便他能发现你，并且一有机会便可搭上关系。

同时，要以穿着表现自己的个性，因为与人第一次交往，别人往往是从服饰、外貌上得来第一印象。着装要表现个性、特色，使人一目了然。

要针对大老板关注的事予以刺激，要尽快发现对方关心注意何事，找到适当的话题，抓住对方的注意力，刺激对方对自己的兴趣，话语要力求简洁、有独创性，使对方产生震动，留下较为深刻的第一印象。胡先生是一家商贸公司的老板，业务面非常广。最近他一直在争取某化妆品的省内代理权，可没门没路谈何容易。一天，胡先生听说该公司老板会出席一场宴会，他马上穿戴整齐赶了过去。宴会中，一大群人围着那个老板聊天，胡先生则在旁边竖起耳朵听他们讲话。当他们谈到化妆品市场不景气时，胡先生立刻插话说："女人永远也离不开化妆品，无论怎样高档的化妆品也不愁找不到消费者，不是市场不景气，是我们的销售出了问题。"这番话立刻吸引了那老板的注意，两人整整聊了一个小时。两个星期后，胡先生拿到了该化妆品的销售代理权。

3. 巧用方法赢得贵人的青睐。

适当展示自己的能力是赢得大老板青睐的好方法。大老板一般都喜才、爱才，如果你一贯表现出对他意见的赞同，不敢表现自己独特的见解，他会觉得你唯唯诺诺是个庸才。因此，适当地表现自己的独特才干，是会受大老板喜爱的。但是你不能表现得太过锋芒毕露，让人一见就觉得有喧宾夺主之感。

别出心裁送礼品是联系大老板情感的重要方式。这要针对大老板的具体情况，不能千篇一律，不能委托他人。不一定昂贵就是好礼品，要送就要送他特别喜爱的礼物才是，同时在赠送方式上也要别出心裁，包装样式、赠送方式都要显得别具一格；有时，你不妨请他的太太代理，或许效果会特别好。

写信是交流思想、联系感情的好方式。随着电信事业的发展、电脑技术的开发，很多人的联系方式都是电话、传真等，很少再看见以书信方式交流了。其实，人人都希望有一位朋友悄悄跟自己说话，书信便是最好的方式。在书信里你不必有过多顾虑，敞开心扉与之交流吧！也许，你只花几分钟，相当于同他交流几小时。因为，信给人想象的空间很大。另外要注意，尽量手写，不要用电脑打印，以免让人觉得不真诚。

如果能得到一位或几位大老板的青睐，那你必会一飞冲天，一鸣惊人。因此不妨多花点心思和大老板搞好关系，把他们变成能帮助你的贵人，这样的"感情投资"是绝对不会让你吃亏的。

让贵人接纳自己

结交贵人时，一定要注意方法。要在了解贵人的基础上，投其所好，主动逢迎，这样才能得到他的帮助和赏识。

和土开是北齐清河郡临漳人。他"幼而聪慧，解悟捷疾"，勤于学习而又"倾巧便僻"。北齐天保初年，高湛得宠，被晋爵为长广王，拜尚书令，不久又兼司徒，迁太尉。地位显赫，权势很大。高湛是齐高祖高欢的第九子，虽然在诸子中年纪较小，排序较远，但由于他"仪表瑰杰"，所以高祖"尤所钟爱"，因而被委以重权。和士开见高湛未来当皇帝的可能性很大，便想方设法接近巴结高湛，希望将来能借上这贵人之力。

高湛性好"握槊"，类似后来的象棋。恰好和士开也精于此道，于是他便找机会与高湛游戏。二人棋逢对手，总是斗得难解难分，越玩越上瘾。

高湛还喜欢音乐，恰好和士开又能弹奏琵琶，他经常为高湛弹曲，兴致高时，还往往边弹边唱，那清歌妙曲，尤使高湛着迷。

高湛性喜谈笑，恰好和土开生就一副伶牙俐齿，于是便经常陪高湛聊天，和士开的甜言蜜语更使高湛开心，二人越谈越投机，亲狎无比。

和士开吹捧高湛说："殿下非天人也，是天帝也。"高湛也对他说："卿非世人也，是世神也。"二人相交如此，高湛便任命和士开为府行参军。

北齐孝昭帝驾崩，高湛继承大位，史称武成帝。和士开长期企盼的日子终于来到了。本来，高湛在继位之前与和士开的关系已经火热，即位之后，和士开对他更是"奸谄百端"，因而武成帝高湛视之如心腹，倚之如股肱，宠爱一日胜似一日。和士开得宠的程度，简直是空前绝后的。高湛刚一即位，和士开便"累除侍中，加开府"。后来，高湛简直到了一刻也离不开和士开的地步，"齐主外朝视事，或在内赏宴，须臾之间，不得不与士开相见，或累日不归，一日数人；或放还之后，俄顷即追，未至之间，连倚督促。"对和士开的前后赏赐，更是"不可胜数"。

和士开之所以能够得到高湛的如此宠爱，就是因为他能投其所好，让对方从情感上彻底接纳自己，甚至依赖自己，这也就为自己的升官发财铺平了道路。

然而，投其所好结交贵人，也是要讲究技巧的，要有分寸，过犹不及。

投其所好无外乎两种方式：以物予之，以情感之。第一种主要是指根据贵人的喜好赠送礼品。送礼品时一定要注意，不能选太过昂贵的，不能送得太频繁，只能偶一为之。第二种是指把握贵人的心理，兴趣爱好，从情感上接近他。以情感之就要注意把握火候、分清眉高眼低，否则就容易引起他的厌烦，让他把你归到谄媚的类别中去。

投其所好的最高境界，就是让你的行为看起来合情合理，不露一丝讨好痕迹。比如陪人下棋说是自己有棋瘾等等，这样别人既领了你的情，又不会觉得你太急功近利。

贵人不会随随便便出手相助，想结交贵人、求助于贵人就要用对方法、投其所好。把握了对方的心理、兴趣爱好之后再对症下药，那就可以大大增加攀靠贵人的成功概率。

Part6 社交法则：打好人际交往的九张牌

　　要想拥有好的人缘资源，必须打好人际交往的九张牌，即交、情、尊、帮、信、谦、和、愚、忍，做到多交朋友、以心换心、尊敬他人、帮人帮己、信义天下、谦虚去傲、和气生财、大智若愚、忍让生福，这样才有可能让你朋友满天下，关系遍八方。

"交"牌：多交朋友多条路

人不可以没有朋友，否则就无法在社会上生存和发展，在精神上就会感到非常孤独、寂寞。《礼记·学记》中讲："独学而无友，则孤陋而寡闻。"

一些民间谚语更是生动形象地说明了朋友的重要性，比如，法国谚语说："人生无友，恰似生命无太阳。"瑞典谚语说："举目无一知友，见人抬不了头。"意大利谚语说："无友又无兄弟，臂弯软弱无力气。"

交朋友有两个最明显的好处，一个好处是能从朋友那里获得事业的助力。三国时的刘备，才不惊人，貌不出众，力不胜人，虽说自称皇族之后，也难考证是真是假。只因交了关羽、张飞这两个有力量又有胆量的朋友，实力马上不同一般，谁都不敢不高看他一眼。

一个人有无实力，不仅要看他本人有何种技能，还要看他有何种背景，其中朋友就是很重要的一块。你的朋友有实力，就等于你有实力。魏文侯曾感慨地说："我敬重子方的品格，有幸得到他做朋友。自从我和田子方做朋友后，君臣更加融洽，百姓更加亲附。我因此知道了与贤士做朋友的好处。我要攻打中山，我用武士的礼节对待乐羊，过了三年，乐羊就把中山打下来献给我。我因此知道了与武士做朋友的好处。"

交朋友的另一个好处是，能通过朋友得到好的名声。一个有好名声的人，当然会有更多发展事业的机会。请看一则故事：

楚国的令尹死了，景公路上遇到成公乾问："您看谁将接任令尹的职位？"

成公乾回答说："大概是屈春！"

景公发怒说："全国的人都认为应该由我来担任。"

成公乾说："你的声望小，屈春的声望大。子义获是个很坏的人，你却跟他交朋友；鸣鹤和刍狗二人见识浅薄，你却欣赏他们。鸱夷子皮每天陪伴屈春，损颇跟屈春结为朋友。这两个人的智慧，足够做令尹，他们都把自己的智慧贡献给屈春，所以说政事还是应该归于屈春啊！"

后来，屈春果然被任命为令尹。

本例可以看出，像屈春一样交到名声好的朋友，就能得到好的名声；若是像景公一样结交名声很坏的朋友，只会得到坏的名声。就像交到有力量的朋友能得到助力，交到无力量的朋友只会受到拖累一样。

一个人若想有所成就，要尽量结交有价值的朋友。

那么，哪些朋友值得交往呢？

其一，能帮助你纠正错误的朋友，可以长交。一个人最少应该有一位能够给自己指出错误的朋友。这种人坦率真诚，不善于巧言伪饰，也不会"逢人且说三分话"，他们的话可信程度甚高。

我们处在一个充斥着错误的世界，更糟糕的是，我们经常将错误当成正确，在同一块石头上一次又一次地绊倒。如果有一个人适时指出我们的错误，那是我们莫大的幸运。

正如智慧格言所说："让交朋结友有助于博学多闻，让交谈有助于互相教益。要使朋友成为你的老师，要让学问的用处和交谈的乐趣有机融合。要乐于和悟性高的人一起相处。你说出的话须博得听者喝彩，你听到的话须使你多识多闻。一般情况下，是我们自己的兴趣使我们接近别人，所以，这种兴趣是高尚的。谨慎的人常常出没于英雄豪杰之门：这是发挥英雄气概的舞台，而非沽名钓誉之宫。"

但是，那种心直口快、喜欢贬低别人以抬高自己的人不在此列。

其二，能为你带来利益的朋友，可以重点交往。全世界都宣称"人人平等"，但"人人平等"的时代还远未到来。尽管我们非常讨厌谈论利益，又不得不追逐利益。所以，那些能为你带来利益的朋友，始终是你重点交往的对象，也许你并不喜欢他们，甚至轻视他们、讨厌他们，但那也没办法。

其三，能提供信息的朋友，可以适时交往。所谓"适时"，即你认为需要的时候。有些朋友能为你提供一些新信息，帮助你拓宽视野，激发创意。这种朋友不用经常交往，每隔一段时间，大家聚在一起，喝喝酒，聊聊天，交流一下所见所闻所思所行。如果经常交往，大家都没什么新信息，不过是浪费时间而已。

其四，能让你感受到纯真友谊的朋友，三五位足矣。不在乎利益的朋友之情是弥足珍贵的，它能让你在金钱的冷漠面前感受到丝丝暖意。不过，感情需要经常交流才能维系，否则它会渐行渐远，直至无影无踪。由于你没有那么多时间维系朋友之情，只好忍痛割爱，保留你最珍惜也同样珍惜你的几位，其余的朋友只好顺其自然了。

其五，能陪你享乐的朋友，随取随弃。除了陪你吃喝玩乐之外没有多少其他价值的朋友，不宜深交，最好随取随弃，不必珍惜。这种朋友太好找了，如果你高兴的话，一天能找到一车。对这种朋友，只宜维持泛泛之交，不宜密切来往。

"情"牌：以真心换取真心

人在世上，一定要有几个真心朋友。穷窘时，知心好友就像一缕阳光，使我们的心灵不至于太阴暗潮湿；进取时，知心好友就像一双有力的臂膀，使我们的力量不至于太单薄；成功时，知心好友就是我们的良伴，使我们不至于有无人共享快乐的孤独。

如何能得到真心朋友呢？这需要我们跳出利益的牢笼，对别人有真心、讲感情。

"管鲍之交"历来被认为是结交朋友的典范。管仲和鲍叔牙年轻时，都在南阳做生意。管仲多次亏本，鲍叔牙却不认为他没有本事，经常资助他，并鼓励他说，将来他的大志终会展露出来。管仲和鲍叔牙还曾合伙做生意，分财产时，管仲每次都要多取一份。鲍叔牙却不认为他贪财，反而认为他家里贫穷，更需要钱财补贴家用。鲍叔牙后来当了官，曾多次在国君面前推荐管仲。管仲的政治主张每次都没有被国君接纳，鲍叔牙不认为他无能，还安慰他说，这是因为没有遇到明君。后来，鲍叔将管仲推荐给齐桓公，这一次，管仲终于得以伸展大志。两人都身居高位，合作得很愉快。

鲍叔牙死后，管仲痛哭失声，眼泪像雨水般流下来。身边的人说："他不是您的父亲，也不是您的儿子，您哭得这样伤心，是什么缘故？"

管仲说："他不是我的父亲，却比我的亲人更知心啊！"

一个人拥有管仲这样强大的朋友，无疑是幸运的；但是，若没有鲍叔牙这种撇开利益的算计，真心对待朋友的胸襟，又如何能得到这样的朋友呢？

当然，讲友情也要看对象。永远不要相信那些以友谊作交易，把友谊作为他们最重要的商业资本的人；他们之所以向我们靠近，只是因为他们暂时有求于我们，或者是认为我们身上有利可图。而一旦他们发现伤害我们更有利，是会毫不客气地下手的。有时候，这种人给我们造成的心灵伤害甚至比敌人更深。

阳虎得罪了卫君，逃亡到赵国，去见赵简子，发牢骚说："从现在起，我不再举荐人才了！"

赵简子问："为什么？"

阳虎回答："卫国的高官，一半以上是我举荐的；中下级官员，一半以上是我举荐的；边境的将领，一半以上是我举荐的。想不到，朝廷的高官，在君王面前说我的坏话；中下级官员，在众人面前说我的是非；边境的将领，竟想用军队劫持我。"

赵简子说："只有贤士才懂得报恩，无德无能的人是做不到的。栽种桃李的人，夏天能得到荫凉，秋天能得到果实。栽种蒺藜的人，夏天得不到荫凉，秋天也只能得到它的刺啊！你以前栽种的都是蒺藜，不是桃李。从现在起，你要先选择好人再举荐，不要先举荐再选择好人。"

在我们这个社会中，重义轻利，把友谊看得极为神圣的人大有人在，这也是整个社会构建道德基础的重要组成部分。只要我们着意经营友情，我们也必能得到友情的回报。

"尊"牌：达到深交的最佳途径

有一次，一个成功学家乘飞机去一个城市讲课。当他抵达时，机场下着毛毛细雨，他看到自己的皮鞋上有一些泥点，于是去了他常去的那个地方让人帮他擦一下。

那天，为他提供服务的是一位新来的擦鞋工。他走到成功学家的身边说："擦一般的吗？"

"没有料到你会让我擦一般的，为什么不让我擦最好的呢？"成功学家盯着那位擦鞋工说。

"下雨天擦皮鞋，难免还要弄脏，所以有很多人舍不得花五块钱擦最好的。"

"给我的皮鞋擦最好的，不正是为了在下雨天保护它吗？"

"嗯，是这样的。"擦鞋工好像明白了成功学家的意思。

"那你为什么不建议我擦最好的呢？"

"因为在下雨天擦皮鞋，还没有人舍得花五块钱擦最好的。"

"如果擦最好的，就能够在保护皮鞋上起到最好的作用。而你又为了多擦几次最好的，我想大概会拼命地干吧？"

"完全是这样的，我也是这样想的，先生。"

"你想让我教你通过擦皮鞋来挣更多钱的方法吗？"成功学家问。

"先生，我从心眼里想要向您请教，希望把那些能赚钱的方法教给我！"

"当下一个人再来擦皮鞋的时候，一旦坐在了椅子上，你首先应该做的事情就是注意那个人的皮鞋，然后再看着那个人的眼睛，和颜悦色地说：'如果我没有猜错的话，先生，我想您一定是想让我给您擦最好的。'"

擦鞋工照着成功学家的建议去做了，不久，他的收入就远远超过了其他同行。

为什么擦鞋工听了成功学家的话就获得了更多的收入呢？因为擦鞋工后来的做法让客户从他这里获得了一种受尊重的感觉，正是由这种感觉所带来的满足感和愉悦感使他们痛快地掏了腰包。这就是与客户交往时另一个需要注意的地方，一定要让对方感觉到自己被尊重。

每个人都有自尊，也都希望获得别人的尊重。一个人如果能够获得别人的尊重，他就会信心十足，而且会有一种优越感，这个时候他就会对对方产生一种好感。而如果一个人的自尊心受到了伤害，他就会产生自卑感、软弱感、无能感，这些又会使他失去最基本的信心，而且会对伤害他自尊心的人深恶痛绝。因此，有经验的业务员在和客户交往时，都会想方设法尊重对方，并且让对方感觉到自己被尊重，这样就很容易和对方发展关系了。正像一位优秀的推销员所说："我们的客户也是有血有肉的人，也是一样有感情的，他也有受到尊重的需要。"

至于如何尊重客户，我们只能根据具体的接触情形来作选择，总之越是能让客户感触深刻，越是能达到我们想和对方深交的目的，也就越是有利于生意的成交。下面几个细节，是销售人员在和客户接触时经常要遇到的，我们来看一下在这些方面该如何尊重客户：

1. 着装方案是"客户+1"。

销售员西装革履公文包，在很多时候都是不错的选择，但有时候还是要看被拜访的对象。双方着装反差太大反而会使对方不自在，无形中拉开了双方的距离。所以成功的生意人认为，最好的着装方案是"客户+1"，只比客户穿得好"一点"，这样既能体现对客户的尊重，又不会拉开双方的距离。

2. 永远比客户晚放下电话。

销售员工作压力大，时间也很宝贵，尤其在与较熟的客户电话交谈时，很容易犯这个毛病。与客户叽里呱啦没说几句，没等对方挂电话，就自己先挂了，这样客户心里肯定不愉快。所以永远比客户晚放下电话也可以体现对客户的尊重。

3. 与客户交谈中不接电话。

销售员一般电话比较多，与客户交谈中没有电话好像不可能。不过大部分销售员都很懂礼貌，在接电话前会形式上请对方允许，一般来说对方也会大度地说没问题。但实际上，对方可能会在心底嘀咕："好像电话里的人比我更重要，为什么他会讲那么久？"所以，销售员在初次拜访或重要的拜访时，决不要接电话。如实在打电话是重要人物，也要接了后迅速挂断，等会谈结束后再打过去。

4. 保持相同的谈话方式。

说话不能不分对象，很多销售员思路敏捷、口若悬河，碰到上了年纪的客户时也是如此，这就很不好。如果对方思路跟不上，根本不知道你在说什么，很容易引起反感。因此你应该根据客户的习惯调整自己的说话方式。有一位擅长项目销售的销售员，此君既不能说会道，销售技术方面也没有多少高招，但他与工程中的监理很有缘，而监理一般都是六十岁左右将要退休的老工程师，而此君对老人心理好像很有研究，每次与监理都是慢条斯理地交谈，结果每次谈完后必有所得。

"帮"牌：帮人就是帮自己

别人有难处才需要帮忙，这是最起码的常识。我们内心都有一些需求，有紧迫的，有不紧迫的，而我们在急需帮助的时候收到别人的帮助，则内心感激不尽，甚至终生不忘。濒临饿死时送一个馒头和富贵时送一座金山，就内心感受来说，完全不一样。有某种爱好的人遇到兴趣相同的人则兴奋不已，以为人生一大快乐。两个人脾气相投，就能交上朋友。所以要落人情，便应洞察此中三味。

三国时期，早年间周瑜并不得意。他曾在军阀袁术部下为官，被袁术任命当过小小的居巢长——一个小县的县令罢了。这时候地方上发生了饥荒，年成既坏，兵乱间又损失不少，粮食问题日渐严峻起来。居巢的百姓没有粮食吃，就吃树皮、草根，活活饿死了不少人，军队也饿得失去了战斗力。周瑜作为父母官，看到这悲惨情形急得心慌意乱，不知如何是好。有人献计，说附近有个乐善好施的财主鲁肃，他家素来富裕，想必囤积了不少粮食，不如去问他借。

周瑜带上人马登门拜访鲁肃，刚刚寒暄完，周瑜就直接说："不瞒老兄，小弟此次造访，是想借点粮食。"鲁肃一看周瑜丰神俊朗，显而易见是个才子，日后必成大器，他根本不在乎周瑜现在只是个小小的居巢长，哈哈大笑说："此乃区区小事，我答应就是。"鲁肃亲自带周瑜去查看粮仓，这时鲁家存有两仓粮食，各三千石，鲁肃痛快地说："也别提什么借不借的，我把其中一仓送与你好了。"周瑜及其手下一听他如此慷慨大方，都愣住了，要知道，在饥馑之年，粮食就是生命啊！周瑜被鲁肃的言行深深感动了，两人当下就交上了朋友。后来周瑜发达了，当上了将军，他牢记鲁肃的恩德，将他推荐给孙权，鲁肃终于得到了干事业的机会。

人对雪中送炭之人总是怀有特殊的好感。某位小姐如此说："我有一位朋友，我每次需要帮助的时候，他一定出现。例如：我有急事需要用车或上班迟到时需要用车，只要我打个电话，他一定到，可以说每求必应。事情一过去，我们又各忙各的。到逢年过节的时候，我总是忘不了给他寄一张贺卡，打电话给他拜个年。"

对身处困境中的人仅仅有同情之心是不够的，应给予具体的帮助，使其渡过难关，这种雪中送炭、分忧解难的行为最易引起对方的感激之情，进而形成友情。比如，一个农民做生意赔了本，他向几位朋友借钱，都遭回绝。后来他向一位平时交往不多的乡民伸出求援之手，在他说明情况之后，对方毫不犹豫地借钱给他，使他渡过难关，他从内心里感激。后来，他发达了，依然不忘这一借钱的交情，常常给对方以特别的关照。这种方法，有几点技巧与各位分享：

1. 饮足井水者，往往离井而去，所以你应该适度地控制，让他总是有点渴，以便使他对你产生依赖感。一旦他对你失去依赖感，或许就不再对你毕恭毕敬了。

2. 老板刺激下属享受的欲望又不去全部满足，而是一次一点，以使其保持干劲、继续卖命。

3. 对人的恩情过重，会使对方自卑乃至讨厌你，因为他一来无法报答；二来会感到自己的无能。

"信"牌：推销自己的最好方式

做生意其实就是在做关系，做关系其实就是在推销自己：把自己推销出去，让别人认可你，他就会心甘情愿地和你做生意。要想把自己推销出去，你就应该遵守一些最基本的关系法则，其中一条就是讲究信誉，言必信，行必果。

关于这方面，曾有一个成功的生意人说过这样一句话："信誉既是无形的力量，也是无形的财富。一个生意人能够得到别人的信任，大家自然会高兴为他效力，或者与他合作。相反地，如果经常言而无信，就算此刻许诺了再多的好处，别人也会怀疑其兑现诺言的诚意。"这说明一个人要想和别人建立良好关系、做好自己的生意，就必须将信誉作为自己做人的基础，正所谓"人无信不立"。

做生意需要与人合作，而没有信誉的人很难与别人建立友好、善意的关系，很难相互协调，因此就只能成为孤家寡人，只能依靠个人奋斗。所以从根本上而言，失实际利益事小，而失信誉之名事大。因为实际利益只是暂时的，如果信誉仍在，那么"千金散尽还复来"；但是如果失去了信誉，虽然得到了一些实际利益，但是因为你生意的源泉已经断了，以后的日子就难过了。胡雪岩之所以能成为一代红顶商人，一个重要原因就在于他很重视信誉，能够让他的朋友、顾客相信他，因此他的生意就越做越大了。

胡雪岩的钱庄开业不久，接待了一位存入阜康钱庄一万二千两银子却既不要利息，也不要存折的特殊客户。这位客户名叫罗尚德，是驻杭州绿营的千总。他是四川人，在老家时是一个赌徒，定下婚约却不提婚期，因为好赌，前后用去岳父家一万五千两银子，最后岳父家提出只要罗尚德同意退婚，宁可不要这一万五千两银子。这一下刺激了罗尚德，他不仅同意退婚，并发誓做牛做马也要还上这一万五千两银子。罗尚德后来投军，辛辛苦苦十三年熬到六品武官的位置，省吃俭用积蓄了这一万二千两银子。如今接到命令要到江苏与太平军打仗，因为没有亲眷相托，故而拿来存入阜康钱庄。他将银子存入胡雪岩的钱庄，既不要利息，也不要存折，一是因为相信阜康钱庄的信誉，他的同乡刘二经常在他面前提起胡雪岩，而且只要一提起来就赞不绝口。二是因为自己要上战场，生死未卜，存折带在身上也是一个麻烦。得知这一情况后，胡雪岩当即决定：第一，虽然对方不要利息，自己也仍然以三年定期存款的利息照算，三年后来取，本息共付一万五千两。第二，虽然对方不要存折，也仍然要立一个存折，交由刘庆生代管，因为做生意一定要有规矩。

罗尚德后来果然在战场上阵亡了。阵亡之前，他委托两位同乡将自己在阜康钱庄的存款提出，转至老家的亲戚。这两位同乡没有任何凭据来到阜康钱庄，办理这笔存款的转移手续，原以为会遇到一些麻烦，甚至担心阜康钱庄会赖掉这笔账。不想阜康钱庄除了证实他们的确是罗尚德的同乡，让他们请刘二出面做个证明之外，没费一点周折就为他们办了手续。这笔存款不仅全数照付，而且还照算了利息。

胡雪岩这样做就是重信用、重信义。其实，当时罗尚德手上没有任何凭据，后来到阜康钱庄帮罗尚德来办理这笔存款取兑手续的人，也同阜康钱庄没有一点关系，倘若否认这笔存款，当然是别无人证。这种做法虽然非常下作不义，但商场上也并不是没有。而阜康钱庄却不这样做，这就是胡雪岩仗义守信的人品。

事实上这也确实起到了预料中的作用。那两个罗尚德的同乡回到军营后，讲了自己在阜康的经历，使阜康的声誉一下子就在军营中传开了，许多绿营官兵都甘愿把自己的积蓄长期无息地存入阜康。这成为胡雪岩经商成功的一件法宝。

在现代社会，讲信誉也是经营人际关系、进行商业活动的基础，是经商的一种有效手段和工具，具有强大的效益性。正像李嘉诚所说："不论在任何地方做生意，信用都是最重要的。一时的损失，将来可以赚回来；但损失了信誉，就什么事情也不能做了。"

"谦"牌：不在骄傲中葬送自己

有人说："如果你要得到仇人，就表现得比你的朋友优越吧；如果你要得到朋友，就要让你的朋友表现得比你优越。"

这是什么缘故呢？当朋友优于我们，超越我们时，可以给他一种优越感。但是当我们处在压过他们，凌驾他们之上时，就会使其产生自卑而导致嫉妒与不悦。

所以让我们谦虚地对待周围的一切，让别人得到一种优越感，这样对我们会有好处的。

宋朝范尧夫任宰相期间，诸事办得都让皇帝满意，众朝臣无一指责过他的过失。他在为人方面更是游刃有余，从来不树任何政敌，总以中庸之道维系人际关系。

他被免去宰相之职后，程颐有一次来见他。两人相谈多时，范尧夫便若有所思地说起当宰相的事来，神情口吻像是很怀念当宰相时的风光。

程颐责怪他道："您任宰相时，有许多地方做得不很好，难道您现在不觉得惭愧吗？"

范尧夫"哦"了一声，似有不信之意。

程颐便说："在您任宰相的第二年，苏州一带有乱民暴动，抢掠官府粮仓，有人告诉了您。您应当在皇上面前据理直言才对，可您当时什么也没说，这是为什么呢？由于您的闭口不言，致使许多无辜的人遭到了惩罚，这是您的罪过啊！"

范尧夫连忙道歉，说道："是啊！当初真应该说一句话啊！这是我做宰相不爱民的过错，您批评得对！"

程颐又说道："您做宰相的第三年，吴中地区发生洪涝灾害，百姓们以草根树皮充饥，像这样的大事，地方官已报了很多次，您却置之不问，还是皇上提出要您去办理赈灾事宜，您才采取行动。您堂堂一朝宰相，居其位食其禄而不谋其事，太不应该了。"

范尧夫又连连称自己的不是。

程颐又说了许多话，然后告辞走了。事后他经常在别人面前提起范尧夫的过失，说他并非当宰相的料。有人把这些事告诉范尧夫，范尧夫只是笑着，不作任何辩解。

有一天，皇帝召见程颐问他几个问题。

皇帝听了程颐一席治国安邦之策，说："你大有当年范相国的风范啊！"

程颐不以为意地说："范尧夫曾向皇帝进荐过许多忠言良策吗？"

皇帝用手指着一个小箱子说："那些都是他进言的小札子啊！"

程颐似信非信地打开观看，见他当初指责的那两件事，范尧夫早已说过了，只是由于某种原因施行得不够好罢了。

程颐红了脸，第二天便上门给范尧夫道歉。

范尧夫却宽和地笑道："不知者无罪，您不必这样啊！"

在日常工作中，我们不难发现有这样的人，他虽然思路敏捷，口若悬河，但一说话就令人感到狂妄，因此别人很难接受他的任何观点或建议。这种人多数都是因为喜欢表现自己，总想让别人知道自己很有能力，处处想显示自己的优越感，从而能获得他人的敬佩和认可。但结果却往往适得其反，失掉了在群众中的威信。事实上，那些谦让而豁达的人们总能赢得更多的朋友或是更多的好处。

"和"牌：和气才能生财

在许多人的心目中，商场就是战场，充满着尔虞我诈、你死我活的斗争，根本没有什么人情好讲。其实不然，要想不在商场的竞争中垮掉，你就必须懂得广交朋友，善于用"情"。拥有好人缘，它会给你带来意想不到的收获。

好人缘，说到底就是一个人与众人保持的一种互信互利的良好人际关系。有个好人缘，会给你带来意想不到的收获。经过调查，我们发现，坚持"人和"原则，广结人缘在人们成功的道路上起到了十分巨大的作用。

何谓人和？办事同心同德、众志成城就是人和。它包括个人目的明确，意志坚定，全力以赴；众人则倾心追随，尽力帮助。何谓人缘？个人和群众的关系好，招人家喜欢，办事便一路绿灯。平常人们所说的"结人缘"意思便是这样。人缘主要是个人与众人的感情联系。一个人应有自己的个性，但为了事业成功，为了大家能接受自己，也必须适当争取人缘。而人缘作为一种人与人感情联系的结果，是人们平时努力争取得来的。

《寓圃杂记》中记述了杨翥的两件小事。杨的邻居，丢失了一只鸡，指骂被姓杨的偷去了。家人告知杨翥，杨说："又不只我一家姓杨，随他骂去。"又一邻居，每遇下雨天，便将自家院中的积水排放进杨翥家中，使杨家深受脏污潮湿之苦。家人告知杨翥，他却劝解家人：

"总是晴天干燥的时日多，落雨的日子少。"久而久之，邻居们被杨翥的忍让所感动。有一年，一伙贼人密谋欲抢杨家的财宝，邻人们得知后，主动组织起来帮杨家守夜防贼，使杨家免去了这场灾祸。

俗话说得好："宰相肚里能撑船。"在日常生活中，同事朋友间难免有矛盾和争执，家庭中夫妻互骂、兄弟反目、婆媳失和等也屡见不鲜。如果事后大家平心对待和互相理解，或者事前能多一分宽容，多一分忍让，这类不愉快的事情是不会经常发生或者本身就可以避免的。如果骂声连天，大打出手，非但抚平不了心中的伤痕，反而只能将自己捆绑在无休止的"战车"上。这还有何"人和"可言呢？

有一句名言："帮助别人往上爬的人，会爬得最高。"每个人的能力都有一定局限，善于与人合作的人，能够弥补自己能力的不足，从而达到自己原本达不到的目的。

竞争的所得是有限的，因为它激发的是个人或少数人的力量。竞争就是互相争胜，要有输与赢。一方以胜利者的面目出现，欢呼自己的胜利；一方则是失败者，在下面悄悄地舔着自己的伤口。一方的喜悦是建立在另一方痛苦之上。而合作则是以寻求双赢为目标的。合作具有无限的潜力，因为它集结的是大家的智慧和力量。合作就是个人或群体相互之间为达到某一确定目标，彼此通过协调作用而形成的联合行动。参加者须有共同的目标、相近的认识、协调的互动、一定的信用，才能使合作达到预期的效果。在合作中双方的目标是共同的，所取得的成果也是共享的。

"愚"牌：有效博得他人好感

一般来说，伟大的人都喜欢愚钝的人，在人际关系中记住这一点是不会有错的，它会帮助你更顺利地拓展自己的生意。

任何有点身份、有点成功的生意人，都有获得威信的需要，都希望能让他人看出自己与众不同的聪明和才能。那么如何显出自己呢？一个很好的办法就是和一个比较"愚笨"的人交往，对方"愚笨"，自然就更显出了自己的聪明，因此他们都乐于和这样的人接触。同时，一个人为人"愚笨"一些，本身就容易得到他人的喜爱。

比如在很多企业，聪明的部属总会想方设法掩饰自己的实力，以假装的愚笨来反衬领导的高明，以此获得领导的青睐与赏识。当领导阐述某种观点后，他会装出恍然大悟的样子，并且带头叫好；当他对某项工作有了好的、可行性的办法后，不是直接阐发意见，而是在私下里或用暗示等办法及时告知领导，同时，再抛出与之相左的甚至很"愚蠢"的意见。久而久之尽管他在群众中的形象不佳，甚至有点"弱智"，但领导却倍加欣赏，对其情有独钟。这种人其实是人际关系的老手，他抓住的正是人的本性。

在平常的人际交往和生意合作中也是这个道理，有时候你表现得很聪明时，对方也许对你并不喜欢，但是你一旦表现得有些"愚蠢"，对方反而会觉得你很可爱，反倒喜欢和你做生意了。其实这也很正常。因为如果你特别聪明，能力比他强，那他就会担心自己被你算计，你们在做生意时他就总是要提心吊胆，因此他宁愿不和你合作；但是如果你比较蠢笨，和他比起来差远了，他就不会有这个担心了，就可以放下心来和你合作。从这个角度来说，很多人宁愿找个"愚钝"的人来一起合作。

有一个业务员就曾讲过这样一个故事：当他在一家百货公司上班时，曾经为了和某个大企业家缔结合同而到访过好几次对方的府邸。虽然此人是万贯家财的大富翁，却非常小气。其他几家百货公司也曾经试着和他打交道，但都不得要领，大家都认为要使他成为百货业的客户是不可能的。但是，因为公司老板命令他"去看看"，他也只好来回奔波。

某一天，不知道这个大老板吃了什么开心果："嗯，上来吧！"这个业务员终于可以登堂入室了。原以为这一次该有好的回音，事实却不然。原来是这个大老板极其无聊了，所以把他叫了上来。等他一坐下，这个老板就开始滔滔不绝地说起他如何从一介平民奋斗成为大富翁的经历。

这一番话足足说了两个多钟头。客房是日本榻榻米式格局，对方正襟危坐，业务员当然也不能直膝或盘腿而坐。刚开始他还能频频点头，注意地听，后来脚实在觉得酸疼，对方的话就变成了耳旁风。30分钟后，他的脚已经麻痹了；又过了一个钟头，他的额头直冒冷汗。

"今天就到此为止吧！"

这个古怪的老板说完就站起来，业务员也打算站起来，不料下半身整个麻痹，一不留神"砰"的一声跌得四脚朝天！

碰撞声确实太大了，连女佣都吓了一大跳，赶忙跑过来问："发生了什么事？"

大老板看见这个大男人竟然跌地不起，不禁笑骂了一句："真是个没用的东西！"然而奇怪的是，这个老板竟然从此成为这个公司的客户！那个业务员对此评论说："这是因为他怜惜我这个'没用的东西'的结果。"

可见，伟大的人都喜欢愚钝的人。那些"很能干"的人才，之所以一直拿不下这个大老板，就是因为他们的优点太多而断送了这笔生意；相反，那位被笑骂为"没用的东西"的业务员却成功地完成了使命。

因此在与人交往中，并不是越聪明越好，而是越能得到他人喜欢越好。要想得到他人的喜欢，你就要想办法把自己装扮得"愚钝"一些。比如你可以偶尔出些小丑，或适当自我贬低一下，或搞出一副大大咧咧、衣冠不整的样子，或莽撞调皮、佯装醉汉、摆出一副憨憨傻傻的神情等等，通常可以有效地博得他人的好感。

"忍"牌：不该出手不出手

李老师是学校里有名的老好人，从校长至校工没有一个不夸奖他的。有人问他怎么这么有人缘，李老师说："现在的人啊！谁都想得理再咬三分，因此我就大度一点，遇事忍耐退让一步，这样做别人心里岂会不明白？人敬我一尺，我敬人一丈，再遇到我时他们自然就会客气一些。表面上看我是吃了点亏，实际上我却得到了一个人情。你算算我这样做值不值！"

李老师确实是从退让中受益不少。有一次，李老师腿摔伤了，休假三个月，等他回学校后发现一位新调来的女教师代替他教了两个月政治课。这时学校的政治老师太多，数学教研组却缺人，学校领导就有意把新来的女教师调去教数学，可这位女教师似乎是颇有背景，说什么也不答应，还说学校领导欺负新人，背地里更是对李老师冷嘲热讽。女教师的做法使许多人都看不下去，但李老师却没发火。他主动找到校领导要求调去数学组，见到新来的女教师还是笑呵呵的。对李老师的退让，校领导既满意又感动，那位女教师也是满心惭愧。几个月后，学校分房时，领导优先考虑了李老师，李老师一家终于结束了"三世同堂"的生活。李老师的忍耐退让，换来了好人缘，换来了真正的实惠，看来忍让一时，并不是吃亏而是在占便宜。咄咄逼人的人、得理不让的人，很难得到别人的喜欢，有时甚至会惹起祸端。所以，做人不妨大度一些，这对你有百利而无一害。

武则天时代有个丞相叫娄师德，他是个很有度量的人。他的弟弟当上了代州刺史，临行之时，娄师德对弟弟说："我担任丞相，你现在又管理一个州，受皇上的宠幸太多了。这正是别人妒忌的，你打算怎样对待这些人的妒忌以求避免灾祸呢？"娄师德的弟弟跪在地上，对哥哥说："从今以后，即使有人朝我脸上吐唾沫，我也自己擦去，绝不叫你为我担忧。"娄师德却忧虑地说："这正是我所担忧的。人家向你吐唾沫，是对你恼怒。如果你将唾沫擦去，那不是违反了吐唾沫人的意愿了吗？别人会以为你在顶撞他，这只能使他更火。所以要是人家唾你，你就要笑眯眯地接受。唾在脸上的唾沫，不要擦掉，让它自己干。"

后人对娄师德教人"唾面自干"的这种忍耐，总是嗤之以鼻，认为十分迂腐可笑。事实上，娄师德式的忍，是在训练一个人的韧性，教人知道如何收敛自己，而非以忍耐为目的。娄师德在武则天时代出任相位，总管边疆事务三十年，他在兼河源（今新疆于田）军司马时，和吐蕃大战，八战八捷，像这样勇毅不挠的精神和气魄，岂是一个畏缩者能够具有的？富弼是北宋仁宗时的宰相，字彦同。因为大度，上至仁宗，下至文武官员都称他品行优良。富弼年轻的时候，因聪明伶俐，巧舌如簧，常常在无意之间得罪一些人。事后，他自己也深为不安。经过长时期的自省，他的性格逐渐变得宽厚谦和。所以当有人告诉他某某在说你的坏话时，他总是笑着回答："你听错了吧，他怎么会随便说我呢？"

一次，一个穷秀才想当众羞辱富弼，便在街心拦住他道："听说你博学多才，我想请教你一个问题。"

富弼知道来者不善，但也不能不理会，只好答应了。

众人见富才子被人拦在街上，都涌过来看热闹。

秀才问富弼："请问，欲正其心必先诚其意，所谓诚意即毋自欺也，是即为是，非即为非。如果有人骂你，你会怎样？"

富弼想了想，答道："我会装作没有听见。"

秀才撇嘴说道："竟然有人说你熟读四书，通晓五经，原来纯属虚妄，富彦同不过如此啊！"说完，大笑而去。

富弼的仆人埋怨主人道："您真是难以理解，这么简单的问题我都可以回答，怎么您却装作不知呢？"

富弼笑道："此人乃轻狂之士，若与他以理辩论，必会言辞激烈，气氛紧张，无论谁把谁驳得哑口无言，都是口服心不服。书生心胸狭窄，必会记仇，这是徒劳无益的事，又何必争呢？"

仆人却始终不理解自己的主人为何如此胆小怕事。

几天后，那秀才在街上又遇见了富弼。富弼主动上前打招呼。秀才不理，扭头而去；走了不远，又回头看着富弼大声讥讽道："富彦同乃一乌龟耳！"有人告诉富弼那个秀才在骂他。

"是骂别人吧！"

"他指名道姓骂你，怎么会是骂别人呢？"

"天下难道就没有同名同姓之人吗？"

他边说边走，丝毫不理会秀才的辱骂。秀才见无趣，低头走开了。

退让忍耐是中国传统的生存哲学，富弼的"胆小"其实是一种大智慧。如果他跟秀才争执起来的话，只会得罪对方，对自己实在无益。用宽容的态度去对待对方的无理取闹，却能逐渐改变对方的态度，使矛盾得到缓和。

社会交往中，人与人之间难免会产生矛盾冲突，如果你事事都要去争、去计较，那就会惹许多闲气、得罪一大批人，这样一来，你的人缘又怎么好得了！当然，这里的退让忍耐也并非是让你变成一个软弱可欺的人，只是说在面对一些无谓的争执时后退一步，但如果是处理大是大非的问题，还是要坚持自己的原则，寸步不让的。

Part7 社交策略：提升你的社交竞争力

一个社交竞争力强的人，所拥有的社交资源就比别人更深更广。在平时，这些社交资源可以让我们比别人更快速地获取有用的信息，进而转换成工作成功、发展生意的机会；而在危急或关键时刻，也往往可以发挥转危为安或临门一脚的作用。这要求我们通过掌握一些必要的方法来提升我们的竞争力。

社交竞争力的重要性

飞速发展的商业社会需要你建立和拓展自己的人际关系网络，因此社交竞争力的重要性也就凸显了出来。那么，什么是社交竞争力？

社交竞争力，简单地说，是相对于专业知识的竞争力而言的。一个人在人际关系、社交网络上的优势就是社交竞争力。换言之，一个社交竞争力强的人，所拥有的人缘资源就比别人更深、更广。在平时，这个人缘资源可以让我们比别人更快速地获取有用的信息，进而转换成工作升迁、发展生意的机会；而在危急或关键时刻，也往往可以发挥转危为安，或临门一脚的作用。

对于个人来说，专业是利刃，人缘则是秘密武器。如何以极自然的、有创意的、互利的方式去经营人缘，是事业成功与否的关键。正如成功人士所言，一个人能否成功，不在于你知道什么，而在于你认识谁。

在过去三年，位于台北市内湖科学园区的益登科技，因为代理NVIDIA（全球绘图芯片龙头厂商）的产品，从无名小卒，迅速跻身为国内第二大IC通路商，并且每年获利超过一个资本额。如果益登顺利挂牌，那么总经理曾禹旂也就创造了一个赤手空拳在六年内打拼出一家市值逾新台币八十亿元的公司的神话。

那么他是如何做到这些的？与曾禹旂相交二十多年的友人吴宪长说："在同业中或同辈中，论聪明、论能力，曾禹旂都不能算顶尖，但是，他能遇到这个好运，八成以上的因素在于他的人缘。因为他很愿意与别人分享，大家才会好康道相报（闽南语，意指利益共享），机会之神也才会眷顾他。"换句话说，是广泛的人际关系网帮助他做到了这一点。

凌航科技的董事长许仁旭，也是一个靠人际关系和社交竞争力打天下的成功者。从彰化县鹿港小镇只身到竹科闯荡，许仁旭没有显赫的学历与家世背景，但是，外界估计他目前的身价接近数亿元，并身兼十几家科技公司的董事长。问他是如何成功的，他说："就是靠朋友。朋友越聚越多，机会也越来越多。很多的机会当初自己没想过，也没看到。这些，都是机缘。"

可见，人际关系网是一个人通往财富、成功的门票，而社交竞争力则是建立人际关系网的必备工具。尤其是在当前十倍速的知识经济时代，社交竞争力已成为专业知识的支持体系，而前者却更要高出一筹。有了足够的社交竞争力，你对内可以服众，对外可以取得客户的信任、获得朋友的帮助。

那么，你该如何提升自己的社交竞争力呢？有六个方面非常重要：守信、被利用的价值、分享、多曝光、创意与细心以及助人。

满足对方的心理需求

人们在交际中既有明显的个性心理，也有普遍的共性心理。如果能针对人们的共性心理切入交际活动，就可以获得满意的交际效果。人们的共性心理有：称许心理；成就心理；自炫心理；自信心理；年轻心理；共趣心理；尊敬心理；好胜心理，等等。把满足对方的心理需要作为交际的切入点，是密切人际关系的手段，也是交际活动取得成功的捷径。

1. 赞扬满足人的称许心理。

人们都有一种显示自我价值的需要。真诚的赞扬不仅能激发人们积极的心理情绪，得到心理上的满足，还能使被赞扬者产生一种交往的冲动。某厂的小王是一位书法爱好者，他一直想结识退休的赵副厂长，想和他一起切磋毛笔书法艺术，可惜一直没有良机。一次，工会举办老干部书画展，小王前去参观，正碰上赵副厂长也在展览现场。小王默默地走在赵副厂长的身边，待走到赵副厂长的参展作品时，小王似在自言自语地说："赵副厂长的这幅作品好，无论是布局还是字的结构、笔法都显得活而不乱，留白也地道。"

"就是书写的变化凝滞了些，放得不够开。"旁边的赵副厂长接口说道。这样，他们你一言我一语自然而然地进入了对下幅作品的品评，小王与赵副厂长的相交也取得了初步的成功。

2. 激励满足人的成就心理。

人们都希望尽量做好自己喜爱的工作并取得令人称道的成就，这种成就心理如果能得到别人的激励，就必定能引起他的感激心理和报偿心理。一位经常来看望我父亲的农民有一次对我说的话，成为我记忆中最难忘记的话语之一。

他说："多年来我一直从心底里感激你的父亲，并把你父亲的话尊奉为我的致富法宝。在我生活最穷困的时候，你的父亲曾拍着我的肩膀说：'娃子，振作起来，天总有晴的时候。'"

3. 求教满足人的自炫心理。

人们对于自己具备的技能都有一种引以为荣的心理，如果想同这些人结识相交，那采取求教法是最有效的切入。比如前例中爱好书法的小王，就是这样同赵副厂长结交的。小王拿着自己的书法习作来到赵副厂长家里："赵老，上次听你谈论书法作品，我感到受益匪浅，我自己写了几幅习作，想请你给指教指教。""噢，我来看看。"他们就围绕着书法问题谈论开了。小王从此与赵副厂长结成了忘年之交。

4. 欣赏满足人的自信心理。

一个人往往对自己所崇信的对象或采取的做法坚信不疑，有时宁愿相信自己一向认定的事实，也不愿意接受来自他人的纠正。他所喜欢的东西如果能够得到你的欣赏，你便能得到他的认可。有对新婚夫妇定做了一套家具。一天，一位熟人来访，一眼就看到了新家具，用欣赏的目光打量起家具和居室的布置，并一再表示家具的色泽、式样和居室的搭配十分和谐。主人的心情格外开朗，谈话的气氛也十分融洽。

5．降岁法满足人的年轻心理。

人们都希望在别人面前表现得更年轻，更具有青春的活力。如果交际从满足人的年轻心理切入，很快便能营造出温馨和谐的交际氛围，为成功交际开启一扇方便之门。

6．投合满足人的共趣心理。

生活中我们常常听到这样的话：谁与谁说不到一块去，一见面就顶牛；谁与谁很投缘，恨不得能穿一条裤子。说不到一块去就是没有共同的兴趣和爱好，很投缘就是情趣相投。人们一般都喜欢和那些与自己有"共同语言"的人交往，而情趣相左的人交往则往往不大容易成功。那么，如果你希望交际成功，就可以从寻找共同情趣切入。

7．问候满足人的尊敬心理。

社会交往中，获得尊重既是一个人名誉地位的显示，也表明了他的德操、品行、学识、才华得到了认可。无论是年长者还是年轻者、位尊者与位卑者，都期望别人尊重自己。因此，那些懂得尊重别人的人，人们对他产生好感就是情理之中的事了。而主动问候就是最便捷、最简单地表达一个人的敬意的交际行为。从问候切入交际活动，十有八九会有一个圆满的结果。

8．退让满足人的好胜心理。

请看一个例子：一个客户欠了迪特毛料公司150美元，一天，这位顾客愤怒地冲进迪特先生办公室，说他不但不付这笔钱，而且一辈子也不再买迪特公司的东西。待那人说了将近二十分钟，迪特才接着说："我要谢谢你告诉我这件事，你帮了我一个忙。既然你不能再向我们买毛料，我就向你推荐一些其他的毛料公司，我们会把你的欠账一笔勾销的。"最后，这个顾客又签下了一笔比以往都大的订单。他的儿子出世后，他给儿子起名叫迪特，后来他一直是迪特公司的朋友和顾客。迪特的成功，就在于他明智地做出退让，很好地满足了对方的好胜心理。

保持彬彬有礼的形象

一个年轻人在下雨天赶到一家公司面试，进门前，他尽力将雨伞上的水弄干，又在门口的脚垫上仔细地擦了擦脚底的泥水，进门后他把雨伞轻轻倚在门口的墙上，然后向面试官鞠躬问好。经过半个多小时的问答后，年轻人起身告辞，并为自己在雨天来访所带来的麻烦表示道歉。这次招聘一共对七十多人进行了面试，他们的条件都很不错，有的有大企业工作经验、有的有学校的推荐信，但最后被录取的却是那位条件并不出众，在雨天面试的年轻人。助手不解地问主管："那个年轻人既缺少经验，又没有学校的推荐信，为什么偏偏录取他呢？"主管笑了，"谁说他没有推荐信，他的礼貌就是最好的推荐信！"

年轻人有礼的举止，使他在七十多个应聘者中脱颖而出，受到了考官的青睐，可见礼貌对人的影响是非常大的。人际交往中，促使人与人之间相处融洽的最好方法就是"礼"。它代表尊重、亲切、体谅等意义，同时也表现出个人修养。

中华民族素来被称为礼仪之邦，但现在不讲礼貌的人却越来越多了。

北京大学曾发生过这样一件事：一个新生来学校报到，由于要到什么地方填表，随身的行李没地方放，感到非常着急。这时，他忽然看到一位踽踽独行的老人，于是，招呼也不打，就对老人说"帮我看着行李"。老人就这么看着行李直到这个小伙子回来。没想到他轻松地拎起行李就走，连个"谢"字都没对老人说。令他万万想不到的是，在开学典礼上，他又看到了这位老人，老人在台上看着莘莘学子们，主持人介绍说，这就是我校的校长季羡林先生。

这样的事据说还有另一个版本，这一次简直都有点近乎粗暴了。一个大学生骑着车在某名牌大学的校园里闲逛，不慎碰倒了一位老人，年轻人当场来了一句：会不会走路啊你！一句话把老人骂懵了，教了一辈子的书他说什么也不敢相信大学里的学生竟然粗鲁到这种程度，且不讲道理到这种程度。当然，类似的故事由于流传得过于频繁，具体细节走样也是难免的，举这两个例子的目的是想说明，连中国的高等学府都难弃糟粕，更何况其他地方呢？如果说在象牙塔里某种无"礼"可以被宽容的话，走上工作岗位，再习惯地做令人讨厌的事，恐怕就没有那么好运了。殊不知，礼貌是一种柔韧的智慧，这种平和和内敛表达着对别人的尊重，不会激起对方的反感，也就自然地给自己扩宽了很大的回旋空间，这就是君子生活在人性丛林中必须遵守的规则。

生活中，有些人甚至认为，礼貌只是社交上的一种手段，并没有其他价值。如果以这种态度来评断礼节，岂不是使人际关系变成"钱货两结"的交易关系，和做生意又有什么两样？难道"礼"真的只是人际关系中的虚假行为吗？

心理学指出，"自尊是维持心理平衡的要素。"可见，每个人要维持心理的平衡和健康，都希望能处处受人尊重，这样才能进一步肯定自己存在的价值。所以，尊重、体谅等"礼"节，绝不是规章条文，也不是虚假问候，而是发自内心最基本也最真诚的行为。

没有人生下来就懂礼，家庭、学校、社会，逐渐教导我们成为一个具有彬彬风度的人，让我们能与别人和谐相处，受到别人的喜欢。但是，一个人每做一件事，如果都有一套刻板的礼仪在缚手缚脚，岂不烦琐极了？

也不尽然，因为，有许多礼仪事实上是日常生活中的一部分，习惯成自然，我们早已感觉不到它的约束。另外，关于人情往来、社交活动等较特殊的礼节，只要我们基于尊重、体谅别人的心情，也都是不难做到的。

所以，礼，绝不能只讲求形式，要保持彬彬有礼的态度，一定要从对别人的关心出发，在现实生活中，随时随地发挥关心朋友、关爱朋友的精神，在社交场合中，自然也就能以平实有礼的态度与人交往和沟通。

学习礼节虽不是一件难事，但要做到时时保持彬彬有礼的态度，也不是件容易的事。因为礼节并不只是简单的鞠躬敬礼，它在某种程度上反映了个人的修养道德。有人说："要学习礼节，最好是从公共场合待人接物做起。"这话非常恰当，只要平常多留心人们交往时的各种行为，就不难学习到许多待人接物的方法。

礼是一个人的形象，礼是一个人的名片。常言说"礼多人不怪"，如果你能适当地做到"多礼"，则必然因"人不怪"而大受欢迎。彬彬有礼的形象，不但能让你获得人们的尊敬，还能赐给你最佳的人缘。

举止要恰到好处

一个保险公司的业务员，一次到一个客户家去拜访。这个客户和他的关系还不是很熟，但是因为他已经在这个业务员这里投了保，已经成了公司的客户，所以业务员自然而然就显得比较松懈、随便，把原来头上端端正正的帽子都戴歪了。

这个客户是一家烟酒店的老板，业务员一边说着晚安，一边拉开玻璃门，客户应声而出。没想到客户一见到业务员这个样子，就生气地大叫起来："你这是什么态度？你懂不懂得礼貌？竟然歪戴着帽子跟我讲话！我是信任你，所以才在你这里投了保，谁知道我所信赖的公司的员工，竟然这么随便、无礼！"

业务员没有想到自己一个小小的不当动作就引起了客户这么大的怒气，他一时不知道该怎么办才好。猛然间，他双腿一屈，跪在了地上："我真是太惭愧了！实在是对不起！因为你已经投保，就把你当成了自己人，所以太随便了，请你原谅我！"

业务员开始向客户磕头，并继续道歉说："我的态度实在太鲁莽了，不过我是带着向亲人请教的心情来拜访你，绝没有轻视你的意思，所以请你原应该我好吗？千错万错，都是我的错，请你息怒跟我握手好吗？"

客户没想到业务员竟然会这样做，他突然一笑，说："不要老跪在地上，站起来吧，其实我大声责骂你也太过分了。"他握住业务员的手，说："刚才也怪我太无礼了。这样吧，我在你这里再买一万元的保险，这样可以吧？"

这个案例很有戏剧性，因为业务员刚开始的动作太随便，结果惹得客户生气，生意也差点黄了，幸好业务员反应快，以比较夸张的动作赢得了对方的原谅，不但保住了原有的客户关系，反而做出了更大的生意。这个故事告诉我们，在和别人交往的过程中，一定要注意自己的举止动作，要恰到好处地赢得对方的认可。

尤其是在和一些人初次交往时，对方从你身上获得信息最多的地方，除了语言外，就是动作了。如果你的动作无礼、随便、咄咄逼人、惹人讨厌，那么对方就会认为你的整个人也和你的动作所表现出来的信息一样：无礼、随便、咄咄逼人、惹人讨厌，那么对方就很难再接受你，想和他再深入发展关系，可就难了。

当然，要注意自己的动作举止，并不是像那个业务员一样，非要跪在人家面前给人家磕头，那只是特殊情况而已，如果你在平时的交往中就使用如此夸张的动作，恐怕对方早就被你吓跑了，也没人再敢和你打交道了。因此我们所说的注意动作，是要你做到恰到好处，既要把动作做到、把信息传到，又不能显得过于夸张，或者矫揉造作，那些都会让对方反感。

需要注意的动作当然有很多，我们不可能一一点到，这里只介绍一些典型的细节，需要你在和别人交往时，尤其是在和陌生人交往时留心。这些动作举止恰到好处，会有助于你交际成功。

1. **手的动作。**

身体动作中手的动作非常重要，善于利用手势能够给对方留下良好印象。比如有客人到公司，为客人带路时，你要说"请这边走"，然后伸出手指向要走的路；介绍公司各个部门时要把手微微斜举，手掌朝外。在手指目录或说明书时，不要手背朝上，这会让对方感觉你在遮掩什么，因此你应该手掌朝上。如果指小的东西或细微之处，就用食指指出，并且也是手掌朝上为好。

2. **坐相。**

当对方请你坐时，记得说一句"谢谢"再坐下。此外，你应该坐满整个椅面，背部不可以靠着椅背，采取稍微前倾的姿势（前倾第一可以表示对对方谈话内容的肯定，第二能起到催眠的作用，让对方接受我们的观点）。你的膝盖应该张开约一个拳头的距离，并且不要用手撑住头，头还要微微扬起，让对方感到你的自信，并且被你感染。

3. **站相。**

行礼是从立正开始的，不能做好立正姿势的人，打招呼的姿势也必定无法令人满意。立正站立时要尽量放松，双脚平行分立，视线以水平直视。采取立正姿势的人，做任何事情都可能成功。

4．与对方的距离。

你们的距离不能太远，也不宜太近。双方均站着谈话时，保持彼此都伸出手臂能碰触的距离即可（半臂距离）；双方坐着谈话时，如果没有桌子间隔，距离应保持在一臂以内。

5．名片的递交方法。

初次见面，互通姓名后接着是交换名片，交换名片时应注意这些方面：尽可能使用名片夹，放置于上衣口袋，或公文包内，切勿放于裤子的口袋；自我介绍时，递名片要用双手，微欠身子，恭敬地递上名片；双手接过对方名片，认真地看过一遍后慎重地收藏起来；不易念的姓名要向对方请教，并注意技巧；对方有二人以上时，按职位将名片排好收起，并按顺序进行商谈；如果名片放于桌上没有收起，应在结束谈话后将名片慎重收起，并向对方点头致意。

获得别人的认同

一个人给别人的第一印象最深，别人也可以从这上面大致地看出一个人的内在品质来。同样一个人能否招人喜爱，就看他能不能获得别人的认同，看他怎样恰到好处地适应别人的情感需求。

1．关心他最亲近的人。

任何人总是关心着自己最亲近的人，如果一旦发现了别人也在关心着自己所关心的人，大都会产生一种无比亲近的感觉。交际就可以利用人们这种共同的心理倾向，从关心他最亲近的人切入，拉近交际的距离。

曾和日本前首相佐藤荣作实力相当的河野一郎，最会利用人们的这个微妙的心理。有一次河野一郎在欧美旅行时，在纽约遇到了多年不见已显生疏的朋友米仓近先生。两人在道过近况后，都留下了在国内的住址和电话，知道彼此都成了家。当晚，河野一郎回到旅馆的第一件事，便是挂了个长途电话给米仓近的太太："我是米仓近的老朋友，我叫河野一郎，我们在纽约碰面了，他一切都很好。"米仓近太太没想到丈夫的这位朋友会对丈夫这么关心、体贴，感动得热泪盈眶。米仓近后来知道了，专程去向他表示感谢。

2. 在他心中建起"同胞"意识。

"同胞"意识也就是亲情意识。《三国演义》里，关羽、张飞何以对刘备如此忠贞不渝呢？主要原因就是刘皇叔在与关、张相识之初就和他们义结金兰，结拜为"同胞兄弟"了，"同胞"意识在关、张心目中牢牢地扎下了根。能在交际之初迅速建立起"同胞"意识，就可以使对方放松对自己的警戒之心，而把自己接受为"自己人"。

田中义一是日本很有名气的政治家，他非常善于利用人们的亲近心理，营造温馨的交际环境，来取得预期的交际效果。有一次，他到北海道进行政治游览，有位穿着考究看来很像当地知名人士的男子走出欢迎行列向他表示问候。田中义一急忙走上前去，紧紧握住那人的双手，十分热情地说道："啊，你辛苦了。令尊还好吗？"那个男子感动得一时说不出话来。田中义一的政治游览，也因此大获成功。事后，田中义一的随从对主人的亲密举动十分不解，忍不住问道："那人是谁？"田中义一的回答出人意料："我怎么知道，但谁都有父亲吧！"田中义一的交际成功，无疑在他选择了一个比较好的交际切入点，即在男子心目中迅速建立了亲情意识，使该男子觉得他是一个值得信赖、和蔼可亲的人，从而在心理上对田中义一产生了认同感。

3. 为他助上一臂之力。

热情相助最能博得人的好感。日常生活中，那些具有古道热肠、为人厚道、不吝啬、好助人的人总能在邻里之间、同事之间获得好名声。因为人们一般都乐意与这些热心肠的人相识相交。比如你帮正在上楼的邻居抬一把煤气罐，你就可以成为他家中的常客；替一个刚刚上车的旅客摆放好行李，你的旅途就多一个伙伴；为忙碌的同事沏一杯茶，你就会得到善意的回报。

4. 用温情暖化他心中的坚冰。

人们一般都认为，双方的矛盾爆发之后的一段时间，是交际的冰点。但如果此时一方能主动做出一个与对方预期截然相反的善意举动，就会使对方在惊愕、感叹、佩服、敬意之中认同你，从而化敌为友。交际的冰点就成了成功交际的切入点。

美国开国总统华盛顿还是一位上校的时候，他率领着部队驻守在亚历山大。在选举弗尼亚议会的议员时，有一个名叫威廉·佩恩的人反对华盛顿所支持的候选人。同时，在关于选举问题的某一点上，华盛顿与佩恩形成了对抗。华盛顿出言不逊，冒犯了佩恩，佩恩一怒之下，将华盛顿一拳打倒在地。华盛顿的部下闻讯，群情激愤，部队马上开了过来，准备教训一下佩恩。华盛顿当场加以阻止，并劝说他们返回营地，就这样一场干戈暂时避免了。

第二天一早，华盛顿派人送给佩恩一张便条，要求他尽快赶到当地的一家酒店来。佩恩怀着凶多吉少的心情如约到来，他猜想华盛顿一定要和他进行一场决斗，然而出乎他的意料，华盛顿在那里摆开了丰盛的宴席。华盛顿见佩恩到来，立即站起来迎接他，并笑着伸过手来，说道："佩恩先生，犯错误是人之常情，纠正错误是件光荣的事。我相信昨天是我不对，你已经在某种程度上得到了满足。如果你认为到此可以解决的话，那么握住我的手，让我们交个朋友吧。"华盛顿热情洋溢的话语感动了佩恩。从此以后，佩恩成为一个热烈拥护华盛顿的人。

让自己成为值得结交的人

唯有拼命说着"我要建立良好人际关系"的人，有时会抛下自己分内的工作不做。然而，若真希望广结益友，只有自己能够先成为别人眼中的良友，人们才会愿意接近你。因此，建立人际关系的第一步，乃是先使自己成为值得结交的人。倘若聆听中学生及高中生的烦恼，大致以"想结交朋友"或"周围没有好朋友"两项居多。然而，如果自己本人无法让别人感觉"和他在一起心情就愉快""可以听到有趣的事""可以学到有益的东西""常有妙点子"，是很难交到朋友的。

因此，在哀叹自己周遭缺乏良好人际资源之前，无论如何，都应该以培养自己本身的魅力为一大要务。如果想结识风趣的朋友，自己应该先变成风趣的人。每逢和人碰面时，"昨天，发生了这么一回事吧！"总是喜欢和人分享有趣事物的人身旁，必定经常有人围绕着。反之，如果像新闻记者似的，每次见到人劈头就问："最近有没有遇上什么有趣的事啊？"的人，必定让人敬而远之。光是和这种人站在一块，连自己都会感到神经紧绷。

因此，即使自己知道一些有趣的事物，也不想积极地告知对方。果真要分享有趣的话题，宁愿找更乐观、开朗的人做谈话对象。因为和这种人在一起，必定可以引起共鸣。有些人会抱怨说："我为人如此风趣，怎么身边围绕的尽是一些无聊的人呢？"抑或"我这么优秀杰出，怎么认识的人尽是些没用的东西呢？"然而，认为周遭的人无聊，抑或轻视别人如废物的人，一定要先搞清楚自己是什么样的人！

围绕在自己身边的人们就像一面镜子，可以反映出自己的模样。只要观察身边人们的样子，即可明白自己的现状。心情愉快时，个性开朗的人容易聚拢在一块；颓丧消沉时，垂头丧气的人才会靠在一起。人们通常倾向于和拥有同等电压的人聚合。因此，人际关系中最重要的角色是自己。培育人际关系的第一步，便是培育自己。

使自己成为一流人物

"如果不改变方向，我们极可能回到原点。"如果你想在某一个领域里扩展人际关系，最好能结识在这个特定领域里被称为顶尖好手的人们。如此，你的整体人际关系将因此获得提升。然而，不容否认的是，这并不容易做到。由于人们容易和自己程度相当的人们结识，所以为了结识一流人物，有必要使自己也成为一流人物。

然而为了达到这项目的，拼命希望自己也成为想认识对象的同一领域中的一流专家，却是完全不必要的。就算你有心在对方称雄的领域里努力追赶，也必须花费大量时间。而在这段时间里，对方的水平也必然有所提升，或许早已成为超一流的好手了。如此一来，结识对方的机会就更遥不可及了。与其努力成为各种领域里的顶尖好手，不如先以成为自己专长领域内的一流好手作为目标。只要能在某一领域里成为一流好手，必定有机会认识其他领域的一流人物。同样身为一流人物的人们，即使专长领域不同，必然拥有相同的潜力或类似的烦恼。因此相互间吸引聚拢的情形极多，只要相互碰面了，必定容易熟识起来。

专长类别的相同与否，对于结合人与人之间的关系毫无障碍。即使表面上完全以不同过程累积修行，然而成为一流好手的过程终究相去不远。这种普遍性，正是将彼此感受结合为一的要素。比方说，一流的音乐家比起二流的音乐家，更能与一流的作家产生共鸣。而只要成为一流的上班族，即有可能与各种不同领域的一流人士结成好友。

掌握高效的沟通心法

良好的沟通是人际关系建立的根本。人与人之间的关系就是在不断的沟通中密切起来的。这并不是要让你去逢迎拍马，趋炎附势，做个没有原则的人。事实上在人际交往中不论是交谈、谈判或说服，你要做的就是缩短彼此的距离，使双方达成"一致性"。所谓的"一致性"是指双方不论在生理和心理状态上，都能进入一个共同的频道或频率，以达成双方观点一致，思考方式一致，行为模式一致。

"物以类聚，人以群分"是天条，在人际交往中，当人们之间相似之处愈多，彼此就愈能接纳和欣赏对方。你喜欢的不会是处处与你唱反调，"话不投机半句多"的人。你应该喜欢和你个性观念或志趣相投的人，你们有共同的话题，对事物有相同的看法或观点，或是有相似的环境及背景。沟通也是如此，彼此之间的共同点愈多就越容易沟通。你是否有过这种体验，曾经碰到过一个人你和他接触了没多久，就有一见如故、相见恨晚的感觉，你莫名地对他有一种信赖感和好感？不论你是否有这种体验，我的问题是，你是否希望自己是那种走到哪里都受喜爱的人？

人与人之间的沟通，通过三个管道，一是你所使用的语言和文字，二是你的语气或音调，三是你所使用的肢体语言，例如你的表情、手势、姿势、呼吸等。但是你可知道，根据分析调查，人与人之间的沟通，文字只占了7%的影响力，另外有38%的影响力是由你的语气或音调而来。例如说"我爱你"这三个字，当某个人对你说这三个字时，用一种咆哮愤怒的音调和语气说出时，你会有什么感觉？你可能感觉到的是"我恨你"。但同样的，若有一个人用轻柔感性或嗲声嗲气的方式说"我讨厌你"时，你可能感受到的是一种挑逗或爱意了。至于占了最重要影响力55%的部分，就是你的肢体语言。一个人的举止动作、呼吸和表情在沟通时所代表和传达的信息，往往超出口中所说的话。但一般人在沟通的过程中，却时常会忽略掉这个占了55%的沟通共同点。

因此，我们可以透过临摹对方的方式，让自己无论在文字、声音、肢体语言三方面都能和对方达成共同的沟通模式，换句话说，当两个人所使用的文字、说话的语气、音调、说话态度、呼吸方式及频率、表情、手势、举止动作都处于一种共同的状态时，自然会产生一种共鸣，会直觉地认为，对方与自己个性相近，并且产生一种亲切和信赖感，这种感觉的产生是无意识的。催眠大师爱瑞克森博士就是透过这种方式，借由模仿别人的语气和音调、呼吸方式及频率、表情、姿势等，便能在短短的几分钟内，让对方无条件地信任或接受他。

或许有人认为这种摹仿他人讲话、音调及姿势表情的方式有点愚蠢，又似乎很做作而没有诚意，不是一种自然的表现。可是你知道吗？沟通最大的障碍就在于你不了解对方的想法和心境，当你和一个人有相同的想法和心境时，自然会沟通无碍。

有人曾经做过一个实验，当一个人模仿另一个人的生理状态时，他们有相同的内心感受，甚至于相似的想法，而相同的想法和感受，不正是我们在沟通中所欲达到的吗？事实上对于这种模仿的过程其实每个人都已经在做了，只是他们没有意识到而已，你可以找两个感情很好的朋友或一对夫妻，仔细观察他们在讲话时的表情、姿势、肢体动作或用字遣词，肯定都有许多共同或相似之处。

1. **模仿对方的音调速度。**

视觉型的人头脑处理信息及思考的方式乃是透过图像的转换，因为头脑中图像的转换速率很快，而他在说话表达时，为了追上头脑中图像的变化，视觉型的人说话速度快，音调也较高，他们的呼吸较为短促，所以视觉型的人在呼吸时，胸腔起伏较明显，而且经常在说话时耸肩伸颈。

听觉型的人说话不急不缓，音调平和、呼吸匀称，通常在胃部起伏，较大声说话时喜欢侧耳垂肩。

感觉型的人说话慢吞吞的，声音低沉，说话时停顿时间长（需要去感受及思考），同时，说话时所使用的肢体动作或手势较多，也通常以腹部呼吸。

不同感官类型的人，你得使用不同的速度音调来与其说话，换句话说你得用他的频率去和他沟通。以听觉型的人为例，如果你想和他沟通或说服他做件事，但是却用视觉型飞快的速度跟他描述，恐怕收效不大。相反的，你得和他一样用听觉型的说话方式不急不缓地和他说话，他才能听得真切，否则你说得再好，他也是没有听懂的。

对待视觉型的人，若你以感觉型的方式对他说话，慢吞吞而且不时停顿地说出你的想法，怕不把他急死才怪。所以对不同的人要用不同的方式来说话，对方说话速度快，你得跟他一样快，对方说话声调高，你得和他一样高，对方说话时常停顿，你得和他一样也时常停顿，你能做到这点对你的沟通能力和亲和力的建立将有莫大的收益。

2. 模仿对方的肢体动作。

肢体动作、脸部表情、呼吸的模仿是最能帮助你进入他人频道及建立亲切感的有效方式。当你和他人谈话沟通时，你模仿他们的站姿或坐姿，他们的手和肩的摆放姿势，他们的举止。时常有许多人在交谈时，惯用某些手势，你也时常使用这些对方惯用的手势来做表达，他们耸肩伸颈，你也耸肩伸颈，他的脸部有何表情时，你也和他一样。你这么做可能自己一开始会觉得幼稚或不习惯。但当你能模仿得惟妙惟肖时，你可知会发生什么结果吗？对方会莫名其妙地觉得开始喜欢你、接纳你，他们会自动将注意力集中在你身上，而且觉得和你一见如故。但在这种模仿的过程中，要注意别去模仿他人的缺陷，若她是八字脚，你就千万别去模仿她走路的样子。

要模仿一个人时，必须具备敏锐的观察力及弹性，同时唯一能让你熟练的方式就是通过练习，在一开始模仿他人的动作、表情、呼吸时，你会觉得非常不自在，同时做得不好或不像，这是必然的现象，不过当你练习得够多够久后，你会对人生理上的变动特别敏锐，这时你甚至不必刻意地去模仿他人的生理状态，便能自然地做出和对方相同的动作、表情和呼吸来，当你到了这种地步时，成功也就离你不远了。

3. 跟随和引导。

模仿是具有转移性的，你若一开始跟随和模仿他人的文字、声音、肢体动作，当你一旦进入对方的频道后，你便从跟随的地位转换成带领的地位，这时你可以不必再去模仿他的说话及动作，而以王者的方式改变自己的语气及动作，这时对方将会不知不觉随你而变，你先借由模仿来进入他人的内心世界建立亲和力，随后便可借助这个亲和力来引导对方的行为，一旦你可以引导对方时，你便已发挥了潜意识说服的能力了，这时你会发现对方特别容易认可和接受你的想法和意见。

希望你能从现在开始，训练自己如何运用沟通的技巧，在文字、声音、肢体语言各方面都能运用仿效的方式来进入他人的频道，与他人做有效的沟通。如果你想成为一流的沟通者，你必须学会如何进入对方的内心世界，用他人的频道和他人沟通是对他人的尊重和重视的一种表现。你能和他人沟通，你便能发挥你的影响力去影响他人，成为一个领导者，让他人跟随你；你若不能和他人沟通，你就只能受那些具有沟通能力的人的影响，成为他们的跟随者，要做哪一种人你得自己决定。

学会建立密切关系的诀窍

在认识初期，交际双方都希望尽快消除生疏感，缩短相互间的感情距离，建立融洽的关系。所以不断地密切加强双方的关系才是人际关系稳定的保障。

1. 通过亲戚、老乡关系来拉近距离。

由于亲戚、老乡这类较为亲密的关系会给人一种温馨的感觉，使交际双方易于建立信任感。特别是突然得知面前的陌生人与自己有某种关系，更有一种惊喜的感觉。故而，若得知与对方有这类关系，寒暄之后，不妨直接讲出，这样很容易拉近两人的距离，使人有一见如故之感。现在许多大学里面，都存在一些老乡会、联谊会等组织，这些老乡会、联谊会就是通过老乡关系把同一地方的学生召集在一块，组织起来。同时也通过老乡会来相互帮助、联络感情、加强交流。从人的心理上来讲，每个人的潜意识中都有一种"排他性"，而对跟自己有关的事物往往不自觉地表现出更多的兴趣和热情。因而在交谈中这类关系的点出就使对方意识到两人其实很"近"。这样，无论对方的地位在你上或你下，都能较好地形成坦诚相谈的气氛，打通初次见面由于生疏造成的心理上的"防线"。

2. 以感谢方式来加强感情。

一个同学在跟一个高年级学生接触时的头一句话就是："开学时就是你帮我安置床铺的。""是吗？"那个同学惊喜地说。接着两人的话题就打开了，气氛顿时也热乎了许多。那个高年级同学的确帮过我们许多人，不过开学初人多事杂，他也记不得了。而我这个同学则恰到好处地点出了这些，给对方很大的惊喜，也使两人的关系拉近了一层。一般说来，每个人都对自己无意识中给别人很大的帮助感到高兴。见面时若能不失时机地点出，无疑能引起对方的极大兴趣。因此，初次见到曾帮过自己的人时，不妨当面讲出，一方面向对方表示了谢意，另外无形中也加深了两人的感情。

3. 从对方的外貌谈起。

每个人都对自己的相貌或多或少地在意，恰当地从外貌谈起就是一种很不错的交际方式。有个善于交际的朋友在认识一个不喜言谈的新朋友时，很巧妙地把话题引向这个新朋友的相貌上。"你太像我的一个表兄了，刚才差点把你当作他，你们俩都是高个头，白净脸，有一种沉稳之气……穿的衣服也太像了，深蓝色的西服……我真有点分不出你们俩了。""真的？"这个新朋友眼里闪着惊喜的光芒。当然，他们的话匣子都打开了。我们不得不佩服这个朋友谈话的灵活性。他把对方和自己的表兄并提，无形中就缩短了两人之间的距离，接着在叙说两人相貌时，又巧妙地给对方以很大的赞扬，因而使这个不喜言谈的新朋友也动了心，愿意与其倾心交谈。

4. 剖析对方的名字来引起对方的兴趣。

名字不仅是一种代号，在很大程度上也是一个人的象征。初次见面时能说出对方的名字已经不错了，若再对对方的名字进行恰当的剖析，就更上一层楼。譬如一个叫"建领"的朋友，你可以谐音地称道："高屋建瓴，顺江而下，可攻无不克，战无不胜，可谓意味深远呀！"对一位叫"细生"的朋友，可随口吟出"随风潜入夜，润物细无声"。或者用一种算命者的口吻剖析其姓名，引出大富大贵、前途无量之类的话，这也未尝不可。总之，适当地围绕对方的姓名来称赞对方不失为一种好方法。

平稳度过磨合期

　　人的一生会有许多变迁。从学校到单位，从此地到彼地，从旧环境到新环境，每个人都少不了这样的经历。每有这种变迁，你都面临着一个陌生的交际空间，要涉足一个新的交际圈，要重构一个良好的人际关系。这段时间就是人际关系的磨合期。在这个磨合期，如果你处之不当，就会与新环境格格不入；处之得当，你就会很快融入其中。如何有效地度过人际关系的磨合期呢？

　　1. 摆正自己的新位置。

　　每个人在交际中都有相应的位置，这是交际规律的反映，也是社会规范的要求。不能正确摆正自己的交际位置，在交际圈中必然显得唐突、冒失、蹩脚，也会受到社会群体的责怪、怨愤、抵触、嘲弄、打击。交际关系复杂多变，交际者难以一眼看清，不易正确把握。自己在交际圈中到底处于何种地位？如何调整好自身位置？更不是轻而易举的事。所以面对新环境、新朋友，第一步你要好好认识自己、评估自己，确定好以什么面孔、怎样的交际基调进入新的交际角色。某重点中学试行校长负责制，在上级的支持下从普通中学调配三名骨干教师充实师资力量。这三名教师到新单位时，都有这样的困惑：新单位是重点学校，是保持一个骨干教师的姿态呢？还是表现出调入教师的谦恭？其中的分寸不好把握。黄老师我行我素，保持本色，结果新同事嘲讽其"不知天高地厚"。束老师一改往日孤傲性格，待人唯唯诺诺，谦虚恭谨，结果不仅让人看轻他，还有人怀疑他的能力。只有张老师洞察交际环境，不动声色，妙得自然，不断调适自己的交际位置，不仅很快进入了新角色，还很快赢得了同事的尊重。摆正自己的新位置，是一个精深的过程，并不是每个人都能做得成功的。这其中需要交际悟性，需要良好的心理素养。保持平常心往往在自己的位置调适中起着突出的作用。

2. 采取沉稳简约的姿态。

磨合期是一个双方逐步熟悉，互相适应，彼此认同、接受的过程。人与人的差异情形万千，总存在着这样那样的矛盾和冲突。你作为一个新面孔，在进入陌生的交际领域的时候，一开始就无所顾忌、目空一切、张牙舞爪，是无法与他人磨合的。这似乎是外向性格者、青年人常有的现象，也是应该克服的问题。采取沉稳简约的交际姿态才是适宜的，有助于实现你与新环境的磨合。这是一个以静观动的方法，在你自我保留节制中，你会对新的交际环境作一个全面、细致、深入的观察和把握，从而有针对性有实效地实现与新环境的契合和交融。表面上看来这是一种消极的方式，实质上是一种策略，是一种更积极有效的技巧。那所重点中学专为调入的三名教师开了个欢迎会，气氛十分热烈。这所学校的老师表现出很好的素质，唱念做打、弹拉说唱，样样像模像样。热情的老师们当然不会冷落新来的教师，纷纷要他们"来一个"。黄老师坐不住了，操起乐器，亮起嗓子，摆开把式，真刀实枪地拿出了看家本领，将其才华横溢的本色表现得一览无余。张老师在这种气氛中安然地欣赏着别人的表演，在大家再三"起哄"下才慢条斯理地开始诗朗诵，刚念了四句，就躬身"谢幕"了，怎么着也不愿"出丑"了。张老师的做法恰到好处，给人一种"整坛醋不晃"的感觉，大家都对他产生了好感。

3. 保持适当的距离。

人际关系的密切程度通常是表现在人际距离上的。双方关系亲密，相互间距离较近；双方关系疏冷，相互间距离较远。与新同事新朋友初处，彼此还不熟识、不了解，关系刚刚形成，距离自然是较大的。你若生硬地去与人亲近，则有违交际规律，对方不仅不会做出友好表示，还会产生反感情绪。这种适得其反的效果，会把你置于被动地位。保持适当的距离，能给对方冷静地观察你、认识你的机会。你们会在逐步熟悉和了解中，实现思想的沟通，情感的交融。你们的关系慢慢亲密了，彼此的距离就会悄然隐去。保持距离重在适当，掌握在对方认可接受的范围内，并能有效地促使双方互相吸引。束老师到了新学校一开始就想建立亲密的人际关系，见到每一位教职工都做出亲热的表示。有时他还装出很随意的样子，大方地到陌生老师家拿这拿那，结果把自己弄成了一个很令人讨厌的角色。黄老师则正好与束老师相反，对任何人都昂然相对，拒人于千里之外。还是张老师做得合适，把自己的热情控制在一定程度上，把人与人之间的距离保持在一定的水平上，显得自然得当。

4. 有效地实现角色转换。

变换了生活空间，人的社会角色会随之改变。若心态调整不过来，行为不能重新校正，你就无法适应新环境，左右碰壁，别人也会对你产生诸多误解和非议，你就难免成为一个与新环境格格不入的人。人是能动的，环境是不以人的意志为转移的，人应主动适应新环境，没有理由要求新环境去迁就你个人。所以进行角色转换应是一种自动行为，而且尤其应在"平稳"二字上下些工夫，实现角色适时适当的成功转换，将自己完完整整、及时可靠地变成新环境中的新成员。张老师是一位语文教师，在普通中学时年年高三把关，到了重点中学，情形不一样了。这里出类拔萃的教师很多，高三把关自然没有张老师的份。即使你有绝顶能耐，别人也有个认识的过程。所以张老师想得很开，不像黄老师那样去争去吵，而是要求带高一。他这一合情合理的做法，是基于对自己价值重估、角色校正的基础上的，结果他再次赢得了人们的好感。而黄老师那有欠斟酌的举动，让领导和同事产生了误解。

5. 培养交际能力。

交际的最高境界是人与人之间互相吸引，难舍难分。寻求磨合途径当然要在这方面想办法。一个人在交际中形成对别人的吸引力表现为他的交际魅力。这是一个内容丰富的综合体，包括人的形象、知识、品德、能力、语言、幽默等多层次多方面的内容。一个充满交际魅力的人，别人会主动亲近他、接受他、适应他，人际之间的差异、矛盾会得到有效消除，人际关系磨合会呈水到渠成之势。所以面对新环境、新朋友，主要的还是培育出自己独特的交际魅力，给自己创造一个有利的交际环境，给自己带来一个理想的交际地位。黄老师和束老师起初的交际情况并不美妙。由于准备不足，调控失当，在新学校并没有有效打开局面，有不少教职工对他们有误解。但他俩到底是骨干教师，在一些方面颇具独到之处。比如束老师书法堪称一绝，利用业余时间为大家表演书法绝技，给人美不胜收的感觉，这给束老师增添了不少交际光环。再如黄老师很会说笑话，别看他平日趾高气扬的样子，但他在三人一堆五人一伙中，三言两语便会把人逗得忍俊不禁。不知不觉中，大家都忘了他的傲慢劲，对他渐生好感。现在束老师和黄老师都与张老师一样度过了与新同事的磨合期，成为新学校中受欢迎的教师。最近张老师还因群众关系好，业务能力强，被提拔为副校长，成为一个令人信服敬重的人。

建立私人之间的信任

我们来看麦克·汉纳是如何结交上他的克里夫兰公交公司中的一个司机的。

乘车时，为了能跟司机聊天，汉纳总喜欢坐在靠近驾驶室的地方，所以，他几乎认识公司的每位司机。

可彼得·考克斯却总是不喜欢和他说话。

一次，汉纳在游泳时不幸摔伤了。不久，他已经能在一根木棍的帮助下撑着上车了。这一次，他得到了考克斯的祝福，祝贺他不用使用两支拐杖。这就让汉纳有机会跟他聊天了。他就把他所遭遇的意外详细地告诉了考克斯。考克斯自己说，他当时的仪态"特别友爱，他讲得很详细，就像我是他的一个十分亲密的朋友一样……无论雇员的地位如何，在自己的雇员面前，他总是很轻松，说话也很随和"。

汉纳手下的员工对汉纳的人格魅力的认同使25年间公司从未发生过一次罢工风潮，并是公司的业务蒸蒸日上的主要原因。在这个故事中，我们可以看出汉纳的待人方法：汉纳以一些出人意料的信任去笼络他人。

我们明白，通常情况下，这种私人之间的信任最能激发人们的"自尊心"。这种信任可以让他人觉得他是一个特别重要的人。此外，当我们只为使自己心境平和，就把自己的事情倾诉给他人之时，同时，我们也就使他人承担了一种责任——有时候，这还是一个让他必须去担负的责任，他得承受这种责任的考验。

因此，当我们向他人倾诉之时，当我们像汉纳一样用我们的坦诚、直爽、信任去与对方交流之时，我们就使对方的自尊心得到了满足。这是大人物常用的策略。

1924年，当查尔斯·道斯为了自己的竞选而去新英格兰做巡回演讲时，对于那些他不认识的新闻记者，他所做的第一步就是竭尽所能地和他们交谈。他坦率地讲了很多笑话，还有他参战时的一些可信而有趣的故事。他以这种方式让记者们明白，对于他们的评判能力，他是抱着绝对信任的态度的。

还有一个比上面的策略更为简单的，却经常被我们忽略的满足他人的自尊心的方法，那就是：向人表示自己诚挚的敬意。

劳伦斯主教有一张罗斯福总统在应用这种策略时的特写照片，同时，我们还要展示一张卡伯特·洛奇的照片以兹对照。

劳伦斯主教说："当他们站在一起接受人们的致意之时，细心的人们就会看出他们的差别，洛奇脸上的笑容总是很勉强，他尽他那洁癖所允许的最大限度跟那些鞋匠和农夫们打着招呼，与人们'热烈地'地握手，然后，为了修饰这样虚伪的集会，他再说几句冠冕堂皇的套话。而罗斯福却肯定会先环视一下四周，然后再走上前去，像见到了久违了的老朋友一样，与每个陌生人打着招呼。他的谈话技巧是那样的高超，使人们都以为自己就是总统经常惦念的人。"

因此，一直到现在，还有许多人在愉快地回忆罗斯福那著名的特别的发音。我们经常会对那些表示出他见到我们真的特别高兴的人感到特别亲热！反之，我们也会对那些以一种冷淡而随便的态度来跟我们打招呼的人感到非常失望。

可是，我们在生活中遇见他人时，不也总是忽略向他人表达出我们的喜悦之情吗？

罗斯福却从未犯过这种错误。像他这样的大人物都是利用诚恳而热情的招呼这个简单的方法来赢得朋友的。

在自己的事业刚刚起步时，撒莫尔·夫克兰就发现了这个策略。年轻时，他做过车床工。有一次，法庭命他必须偿还4000元的债务，这让他很是惭愧。可是，一个叫希林的、与他只是点头之交的犹太衣料商却给了他一个不小的惊喜，希林主动提出替他担这笔为数不小的债务。接受了希林的帮助后，夫克兰问这位商人为何要帮助他。希林说，在艾尔土那城中，只有三四个人肯在街上和他很热情地交谈，而夫克兰就是其中之一。不管我们用什么方法，满足他人自尊心的根本原则就是：表示我们对他们十分在意，对他们的事情也确实抱有浓厚的兴趣。

Part8　社交智慧：谋求好人缘的处世之道

　　谋求人缘、积累关系并不是一件简单的事，它需要一些处世智慧。积累人缘的过程是琐碎的、缓慢的，你必须遵循一整套的策略和方法、技巧，循序渐进地一步步积累，你的关系网络才能逐步建立起来，你的成功之路才能一天比一天通畅。

掌握积累关系的要诀

生活的经验是，你必须在平时就注意往银行里存钱，在你困难的时候才能从容地从里面取出存款，以解所需之急。人际关系也是一样的道理，必须平时就注意积累，才能为生意的发展创造出广泛、深厚的关系网，从而在必要时获得帮助。不过，如何积累人际关系却有几个地方需要注意：

1. 不能求快。

一口吃不成个胖子，关系的积累同样如此。求快就会给自己造成压力，反而会欲速则不达。因此社交高手都知道，建立和维护人际网络都需要耐心，这和钓鱼有些相似。钓鱼要学会守竿，守竿就要有耐心，不能急功近利地一下竿就想见到鱼。善于放长线、钓大鱼的人，在看到大鱼上钩之后，总是不急着收线扬竿，而是慢慢地往岸边来。看到大鱼挣扎时，反而会放松钓线，让其游蹿几下，然后再次慢慢收线。如此一收一紧，待到大鱼精疲力竭同时又放松警惕时，才将它拉到岸边。与人建立关系同样如此。

比如，在人际交往中，你也许经常会遇到恳求别人帮忙的时候，如果追得太紧，别人反而会一口回绝你的要求，所以在这种时候，只有耐心等待才是最好的应对之道。当然，这里的不能求快主要是指关系积累的速度不能求快，太快则消化不了。

此外，你还需要冷静，要懂得如何维系持久的交往关系。

2. 不能中断。

关系的发展贵在循序渐进，所以好不容易建立起来的关系，你绝不能中途出现中断，否则很容易功亏一篑。尤其对于那些不能一次成功的关系来说，可以分成两次、三次……总之要持续不断地用心。一旦中断，累积的效果将不复存在。

3. **不能求多**。

这是因为求多会让自己无力承担，丧失积累的勇气，反而不如一点一滴慢慢积累得好。你总不能每天认识100个人吧？或者即使认识了，你又能和其中的几个人建立深层关系呢？所以，为了照顾质量，只能在数量上降低要求。比如，朋友越多的人做事越方便，也越有可能成就大事，但是朋友关系不是一朝一夕就能建立的，因为从认识到了解、合作，必须有一段相当长的时间，所以你必须一步步来。

此外，在拓展人际关系的过程中，还要注意关系的深度、广度和关联度。关系的深度即人际关系纵向延伸的情况，达到了什么级别；关系的广度即人际关系横向延伸的情况，范围（区域与行业）有多广；关系的关联度指人际关系与个人所从事行业的相关性，以及人缘资源之间的相关性。人际关系既要有广度和深度，又需要关联度，利用朋友的朋友或他人的介绍等去拓展你的关系网络。因此你要从长远考虑，千万不要有人际关系"近视症"。

总之，人际关系的累积是一个由小到大、由少到多、由浅到深的必然的过程，这一点是毋庸置疑的。积累的过程是琐碎的、缓慢的，你必须遵循一整套的策略和方法，循序渐进地一步步积累，你的关系网络才能逐步建立起来，你的生意之路才能一天比一天通畅。

拥有一个好名声

对于个人来说，诚信原则是首要的，它可以为你提供一种无形的资产。一个不讲信用的生意人，是没人敢与其交往的。因此，一个好的

"名声"是交际场上无往不胜的法宝。

名声的形成和失去有着自己的规律，那就是名声的形成要经过很长的过程，要经过很多事情的检验，而它很可能在一天或者一瞬间就会无影无踪了。正所谓，好事不留名，坏事传千里。名声的形成难，破坏易，因此我们要善待自己的名声。名声一旦失去，再想恢复起来难上加难。

为了维护自己的名声，也要注意不能轻易承诺。要知道，承诺就要有结果，否则就等于自毁名声。所以在承诺之前要仔细考虑一下，自己有能力完成的事才可以答应，否则就要拒绝。这是对自己负责，也是对别人负责。一个随口承诺的人往往是不可信的人。承诺别人，结果最终却没能真正满足别人，别人会认为你是故意欺骗他，甚至会有种被愚弄的感觉，那比不答应更糟糕。当你答应之后就要一直牢记心上，绝不能随便忘掉；假如你答应别人三天后还钱，但他等了五天都没见你反应，即使你是无意中忘记了，别人也会怀疑你的人品，对你的"名声"会产生不良影响。

"真理、正直、公平和高贵是永远分不开的，"一个美国著名的政治家在给儿子的信中说，"谎言来自卑鄙、虚荣、懦弱和道德的败坏。谎言最终会被揭穿，说谎者令人鄙视。没有正直、公平和高尚，就没有人能够取得真正的成功，能赢得他人的尊敬。说谎的人迟早都会被发现，甚至比他自己想象得还要快。你真正的品格一定会为人所知晓，一定会受到公正的评价。"

善于猜测他人心思

对方必定从你这里得到了足够的心理满足，才会对你产生好感，才愿意助你成功。那么，你该如何满足对方呢？

胡雪岩曾经说过一句话："能猜测别人心里在想什么，是生意成功的一大奥妙。"善于猜测别人的心理，是一个商人必须具备的素质，这才能应付关系及生意中的各种要求。这就像销售中必须善于揣摩顾客的心理才能增加顾客再次光临的几率、做大自己的生意一样。

因此，结交关系尤其是攀附贵人，一定要察知对方的心理需求，对方才会因你的善解人意而心情愉快，并进一步对你产生好感。

尽量帮助他人

在开始经营自己的人际关系的时候，我们需要了解的是，有很多成功人士一直都秉持这样的信念：不管所交往的人地位高低，尽量帮助他们。这些成功人士总是能说到做到，从而给人一种值得信赖的感觉。

拓展人际关系的最高境界就是互利，而非总是希求得到别人的帮助。我们对人一分好，对方自然会涌泉相报。懂得分享的人，最终可以获得更多。因为，朋友都愿意与他交往，他的机会也就越多。

有这样一位海外资深投资人，他取得成功的秘诀就是乐于和朋友分享。在他眼里，销售是有形的武器，人际关系则是无形的秘密武器，如何以极自然的、有创意的、互利的方式去经营人际关系是取得成功的关键。他的一位老朋友这样评价他："他能遇到好运，主要在于他的人际关系。因为他很愿意与别人分享，大家才会涌泉相报，所以他的成功也就是顺理成章的了。"

对别人的帮助要落在实处，不要停留在口头上。世上有两种帮助，一种是随便帮帮，一种是一帮到底。前一种帮助也是帮助，也能够给人带来好处，但它不算真正的帮助，因为这种暂时的帮助在关键的时候就不管用了。后一种帮助才是真正的帮助，才会帮助他人彻底解决实际的困难。

帮助他人也是需要技巧的。也就是说，在具体的情景下，当你想帮助某个人的时候，你要注意具体方法，明白如何去做才能使他真正得到你的帮助。一位盲人在大街上着急地用拐杖敲着地面，是在说他不知道该怎么走了。好心的你走上去，想帮助他，告诉他左边是北，右边是南，他其实仍然分不清楚。他需要你拉着他的手，带着他走一段路。

帮助他人要坚持不懈，不要一时兴起，不要毫无选择性地付出你的帮助，也不要因心情问题就拒绝帮助他人。毛泽东说过，"做一件好事并不难，难的是一辈子做好事"。在现代社会，在金钱的冲击下，很多人一举一动都在考虑着自己的利益，帮助别人尚且困难，更别提坚持不懈地帮助别人了。无私地始终如一地帮助他人，一直是受社会所尊敬的优良品质。

帮助他人，不要居功自傲。在人际交往中，当我们帮助了他人时，不必以此沾沾自喜，自鸣得意，更不能摆出一副救世主的面孔，因为我们的帮助应该是无私的、诚恳的，不存在半点恩赐的感觉。如果老记得自己有恩于他人，这样活着岂不是很累吗？居功自傲的人常常因为其骄横的态度而招致别人的不满，人们不愿接受他的帮助，这样的人也不会有好人缘。

在别人有困难的时候，别忘了该出手时就出手。人的一生不可能一帆风顺，难免会碰到失利受挫或面临困境的时候，这时候最需要的就是别人的帮助。这种雪中送炭般的帮助会让原本无助的人记住一生。有时候不用很费力地帮别人一把，别人也会牢记在心。

不必担心受到伤害

想改变自己的人生，要立刻行动，要勇往直前。在人际交往中，由于害怕伤害别人，有些人不敢深入接近别人。这种想法在近来的年轻人之间，似乎出现强烈倾向。这种错觉误以为和别人采取保持距离、不相互伤害的交往方式，便是对别人的体贴表现。或许因为这个原因，即使在男女之间，"纠缠不清的爱情太辛苦了，还是维持友情较保险"的说法也愈来愈普遍。然而，这种想法里隐藏着大错误。

由于友情这个字眼具有鲜明的影像，因此容易让人产生美好的印象，然而，所谓真正的友情，其实却与此相反，充满纠缠不清的特性。所谓的亲朋好友，平常固然交情深厚，然而一旦发生某种情况时，有可能出现强烈嫉妒或不顾后果的争吵。

所谓密友关系，乃是彼此深刻了解对方思想的人际关系。拥有这种关系的人们只要相互接近到一定的距离以内，自然会出现若干伤害到对方的情形。认为"友情胜于爱情"的人们，无疑是对此抱持错误见解。

人际关系既然是以交往为目标，伤害对方的情形也不少。这是因为人类心中必定隐藏着锯齿状的部分。无论是谁，必定拥有某种精神上或性格上的锯齿部分。这一部分难免会刺伤对方。有时候甚至会同时伤害到自己。一旦被刺，肯定会感到疼痛。然而，即使这般相互伤害仍可以持续交往，才称得上真正的密友。当然了，如果将那种锯齿状的部分隐藏起来，并且和对方保持一定距离时，自然不会伤害到对方。然而，这种关系既非爱情也称不上友情。如果害怕伤害别人，肯定无法建立起人性化的人际关系。

正因为彼此认真交往，才会产生嫉妒或争吵。如果对方因此抽身退离，你也只能对这种程度的关系断念。尽管如此，只要伤害到别人，自己肯定也会感到心情沮丧。不过，你还是应该勇于接近别人。一旦不慎伤害到别人时，不应该立即抽身回避，而应该更往前靠近对方。借由进一步沟通了解，对方将明白自己遭受伤害的原因。唯有此时，友情才能更加深厚。

得人心者得天下

一个人要实现人生的梦想，单打独斗是行不通的。你需要与其他人携手合作，把大家的才华、技能、所学的知识、所受的训练与所有的专长都集中起来。只要大家朝同一方向努力，就没有什么事情不能完成。但是，一定要记住：与大家共享荣誉。因为事情做得漂亮，外界的掌声、关注肯定少不了，权利和利益也随之而来。凡是出过力的人，你都要让他们觉得"与有荣焉"，一同戴上成功的美丽光环。他们的成功，有你参与；你的成功，让他们分享。

如果你作为领导，能把一部分利益分给下面的员工共享，那么可以在很大程度上激励员工的士气。虽然花费很多，但正面的效果难以估计。一方面，员工的身心可以获得纾解，另一方面也是沟通感情、相互交流的好办法：在激烈的市场竞争中，商战的赢家是人心与金钱的双赢。

营销中怎样才能既赚得人心又能赚得合理的利润？这除了要具有真情真爱，真正视消费者为衣食父母而不是口头的"上帝"之外，还有一些谋略、方法需要灵活运用。

1. 雪中送炭。

人生在世，衣食住行一天也离不了，而且常常还会出现对某种商品的需要。急人所急，解人之困，不失时机地将消费者急需的某类商品送上，便会格外得民心，顺民意。泰安市有家真空棉厂，开业之初，恰逢九九老人节，他们便筹办了一次献爱心活动，将生产的第一批棉衣棉被，拿出一部分献给当地的特困老人。这件事，多家新闻媒体争相报道，结果厂家既有了知名度，又赢得了口碑，产品面世，立刻形成热销之势，达到了名利双收的目的。雪中送炭，易于赢得社会广泛的赞誉，受其情感的鼓励与感染，自然也就有了众多的客户，从而使企业旗开得胜，获得了人情与利润的双丰收。

2. 锦上添花。

生活中人人都有喜事，家家都有喜事。俗语说，人逢喜事精神爽。人一旦有了好的心情，就容易接受他人的建议，并采取某种行动。所以，当他人处于喜庆的时刻，不失时机地献上一份礼品以示祝贺，为对方助兴增光，对方便会喜上加喜，将商家视为知己。一朝视为知己，便成了亲近的客户。

上海有家酒店，为前来办生日宴、婚宴、寿宴等宴席的客户分别建立了"纪念档案"，每逢他们的婚、寿、诞辰纪念日，酒店都要免费为这些客户送去贺卡和一份喜庆蛋糕。礼物虽轻，但情义却分外重，每每让老客户喜上眉梢、激动不已，对酒店备感亲近，心甘情愿成为酒店的回头客。

锦上添花的运用之妙在于识"锦"，即通过认真地调查观察，及时发现消费者生活中的喜事，针对其美好的心境，献上一份爱心，以激起对方情感的浪花，赢得对方的青睐。

3. 乐善好施。

企业经营有了一定实力，拿出部分利润赞助公益事业，救灾助残等，既是对社会的回报，尽一份社会责任，也是对广大消费者奉献爱心、塑造企业美好形象的一种积极表现。1998年江西遭受特大洪灾，牵动了亿万人的心，全国上下，有钱的出钱，有物的出物，支援灾区人民抗洪救灾。生产神州牌热水器的一家企业，果断地决定免费为灾区人民维修被洪水侵蚀坏的热水器，并及时推出广告，告知广大消费者。消息传出，立刻受到用户和社会公众的高度赞许。

乐善好施作为一种公关手段，在实施中还须选准对象和时机。生产神州牌热水器的那家公司在这方面处理得就十分恰当，收到了事半功倍的效果。

4. 推心置腹。

人非草木，孰能无情？在商务活动或直接的商品推销中，有时几句推心置腹的话便胜过长时间的争辩。因为推心置腹、以心交心，与对方的情感世界相通，容易引起共鸣。古人说一言九鼎，似乎有些夸张，但说话针对人的情感世界和生存的普遍要求，常常可以发挥意想不到的作用。

吃亏就是占便宜

做人经商要讲究信誉，这其实是一个很简单的道理，很多人都心知肚明，但之所以很多人都不循此原则行事，就是因为他们太计较那一点点眼前利益了。为了那一丁点眼前利益，他们不惜损害自己的信誉。这种人其实是很愚蠢的，因为他们并没有认识到，你拿了这一点眼前利益，损失的却是自己生意的根本；相反，你把这一点利益让给了对方，你得到的就会是对方永远的信任，以及长久的生意利益。

有这样一个故事：在一个小镇上，一位年迈的鞋匠决定把补鞋这门本事传给三个年轻人。在老鞋匠的悉心教导下，三个年轻人进步很快。

当他们学艺已精，准备去闯荡时，老鞋匠只嘱咐了他们一句话："千万记住，补鞋底只能用四颗钉子。"三个年轻人似懂非懂地点了点头，踏上了旅途。

三个人来到了同一个大城市安家落户。过了些日子后，第一个鞋匠就对老鞋匠那句话感到了苦恼。因为他每次用四颗钉子总不能使鞋底完全修复，可师命不敢违，于是他整天冥思苦想，但无论怎样想他都认为办不到。最后，他只好扛着锄头回家种田去了。第二个鞋匠也为四颗钉子苦恼过，可他发现，用四颗钉子补好鞋底后，坏鞋的人总要来第二次才能修好，结果来修鞋的人总要付出双倍的钱。第二个鞋匠为此暗暗得意，他自认为懂得了老鞋匠最后一句话的真谛。

第三个鞋匠也同样发现了这个秘密，在苦恼过后他发现，其实只要多钉一颗钉子就能一次把鞋补好，但这样一来自己就要多掏一角钱的成本，这到底划算吗？第三个鞋匠想了一夜，终于决定加上那一颗钉子，他认为这样能节省顾客的时间和金钱，更重要的是他自己也会安心。

又过了数月，人们渐渐发现了两个鞋匠的不同。第二个鞋匠的铺面里越来越冷清，而去第三个鞋匠那儿补鞋的人却越来越多。最终，第二个鞋匠铺也关门了。

为什么前两个鞋匠都失败了，而最后一个鞋匠能够获得成功呢？道理其实很简单，如果你能够诚信对待他人，你就一定能从他人那里得到回报。因为你的诚信能够获得对方的信赖，而这种信赖反过来又可以为你赢得更多的生意。而是否能够诚信地对待他人，就看你是否舍得那"第五颗钉子"。第一个鞋匠不敢面对现实，故步自封。第二个鞋匠欺瞒顾客，热衷于不当利益，因此他们都失败了。只有第三个鞋匠舍得利益，能够真正做到诚信经营，所以取得了成功。

李嘉诚为了做到诚信经营，在涉及个人和企业利益时，也从来不计较那一点点眼前得失。也正因为他不怕吃亏，所以又反过来得到了更多的信赖和生意。有一个故事，就很好地说明了这一点。

　　一家贸易公司向李嘉诚订购了一批玩具输往国外。货物已卸船付运，可以向对方收取货款时，贸易公司的负责人来电通知，外国买家因资金问题无法收货，但贸易公司愿意赔偿损失。李嘉诚判断，这批玩具很有市场，不愁没有顾客，自己的损失也就有限，因而没有要求赔偿。

　　过了一段时间，一个美国人突然找到李嘉诚，认为他的厂是全香港规模最大的塑料花厂。原来，是那家贸易公司的负责人向美国人推荐了李嘉诚，并说尽了好话。美国人给了李嘉诚六个月的订单，后来就成了他的永久客户，他们所需的塑料花逐渐地全由李嘉诚供应。李嘉诚的业务发展一日千里。

　　中国有句古话，叫作"吃亏是福"，这被很多人奉为金玉良言。商界没有永远的便宜，也没有永远的吃亏，如果你想贪一时的便宜，最后得到的可能是永远的吃亏；相反，如果你为了自己的信誉吃了一点眼前亏，你很可能因此而得到更大的收益。"吃亏就是占便宜"，这话并不是在骗人。

　　信誉是做关系、谈生意的基础，要讲信誉，就不能怕吃亏。

做到入乡随俗

　　每个月，威廉·霍华德·塔夫脱都会用几乎20个夜晚敏捷地扭动着自己肥胖的身体，与一些脚步轻灵的女人愉快地跳舞。

　　西班牙战争爆发后，紧接着，菲律宾开始出现暴动。身为菲律宾全国委员会主席的他不停地在各个省之间奔波，向那些对政府有仇恨情绪的人宣扬政府的新政策。为了让人们接受自己，他特地学会了"Rigadon"舞。因此，他几乎每天晚上都与那些皮肤微黑的女人们跳舞。

奥斯卡·戴维斯说："他魅力无边。菲律宾人脾气乖戾，而且总是存着怀疑之心……可他却能成为他们最好的朋友。"

同样，为了表示自己入乡随俗的亲近之意，卡尔文·柯立芝也拍了一张身穿工作服，手拿干草叉的照片。所以，他总是戴着一个装饰着鸟羽的头巾向印第安人致敬，这种装束极富乡土气息，为他以后在争取农民的选票上立下了汗马功劳。

当克舍尔司将军受命去开凿巴拿马运河之时，他脱下了将军服，穿上了平民的衣服，所有人对他的这一举动都很诧异。起初，许多官兵都很吃惊，但很多工人和工程师却十分高兴，他们折服于克舍尔司平易近人的领导作风。通过这样一个简单的方法，克舍尔司就赢得了更多的支持者。

本杰明·富兰克林是美国最得民心的大外交家。在他第一次遭遇挫折后，他就学会运用这个策略了。

以前，他曾在一个印刷厂里干活，那个印刷厂离他家特别远，他想冲破厂里的陈规陋习。按照不成文的规定，排字房里的老工人要对每个新工人征收一些不合法的"税"，可富兰克林拒绝支付这笔"税"。于是，在几个星期里，他的压力都很大，富兰克林后来说："要让那些无知的工人心悦诚服，就只能与他们打成一片，以赢得他们的欢心。"不久之后，居然有很多工人都很拥戴他。

那些想成为大人物的人必须要先对其所属的团体的习惯表示尊敬，无论是一个俱乐部，一家商店，一所学校，还是一个国家。那些平时不太注意我们习惯的素不相识的人，我们不也是冷淡地对待他们的吗？有时候，也许还会充满了怀疑。因为他们轻视我们所尊崇的东西，我们也会如法炮制。富兰克林这一生只犯过一次这样的错误。

在他出任美国驻法大使初期，他并不认为入乡随俗有多么重要，在与他人谈话时，他仍使用自己的母语。于是，他的工作出现了许多本不应出现的麻烦。在他对这个问题有所认识之后，他马上就想办法解决。

几年后，他的法语已经与法国人不相上下了，这使他在法国大受欢迎，没有哪个美国人能像他那样受法国人的欢迎，直到后来大战期间才被麦仑·赫利克超过。

有谋略的人经常会用各种方法来表示他们对于他人所重视的东西的尊敬。

你要耐心地对他人表示你的关切。你要让他人感觉到，你对这些事情也十分在行，同时，也很看重。你得竭尽所能地利用你所掌握的各种资料。

对于那些大人物，你得事先了解他们有什么癖好，或者想办法让对方注意到你的存在。与那些从属于某个团体的人交往时，你应经常表现得对他们的民俗、信仰的尊崇，最好能参与其中，以表达你的诚意。

结交朋友要做到优势互补

在美国的硅谷，流传着这样一个"规则"：有两个MBA和MIT博士组成的创业团队可以说是获得风险投资人青睐的最好保证。这也许只是个捕风捉影的故事，但里面却蕴含着这样一个道理：生意合作一定要注意人才搭配，注重优势互补。

这一点在我们结交朋友时也需要注意，我们不仅要结交那些"志同道合"的朋友，还要结交一些优势互补的关系，这样才能使我们的生意进行得更加顺利。这里的优势互补既是指性格，也是指才能，还是指行业。它是我们交友的一个重要原则。

人们交朋友一般都喜欢找那些性情、志趣比较相近的人，但其实这样的交往是比较狭隘的，对自己的帮助也很有限，如果你能从互补的角度出发，选择那些自己在某方面有缺陷，而对方恰巧在这一方面有所专长的人来发展关系，那么就会使你在生意和做事上能够取人之长、补己之短，从而做出更大的生意，形成"立体交叉"效应。

这里所说的立体交叉，可以从不同的角度去理解：从道德的角度来讲，就是不仅与那些比自己德高的人交往，也要适当与那些比较后进的人交往；从性格的角度上说，就是不仅与那些性格、意趣相近者交往，还要适当与那些性格迥异、意趣不同者交际；从专业知识的深广度来说，就是不只限于和那些同一文化层次、同一专业行当的人交往，还应发展与那些不同文化层次、不同专业行业的人的交往。这样通过与各种不同类型的各种人物交往，尤其是那些与自己互补类型的人物交往，你就可以获得大量的情报信息，并在各个方面对自己的生意形成帮助。

有一位著名的企业家，在为自己挑选助手时，就很喜欢选择那些个性与自己完全相反的人。例如他自己常常横冲直撞、不顾小节，于是他就挑选一个深谋远虑、但是不肯轻易行动的助手；他自己是一个刚毅果敢的实干家，他的助手则是一位博学多才的理论家；他给人的印象是温和愉快，他的助手给人的印象却是冷酷沉静；他的发言流利、圆滑，并夹杂着些许幽默，他的助手发言却是坚实犀利。

正因为他们的个性和才学互不相同，所以合作起来才能取长补短，产生惊人的力量，不仅使企业避免了许多错误决策，而且使企业的业绩扶摇直上。这位企业家深知这一点，所以经常对他这位助手说："我此生能够遇到你这样的人才，觉得十分荣幸。因为只有你能够帮助我完成许多我无能为力的事。"

可以看出，社会中有各种不同类型的人，比如动力型、开拓型、保守型、外向型、内向型等等，而各人又有各自独特的、他人无法替代的优势和长处，以及各自的弱点和短处，只有将每个人的优势和长处根据自己做生意的实际需要合理地搭配起来，构成有机的整体，实现优势互补，才能发挥出最佳的整体组合效应。要想做到这一点，你就必须注意

B 别输在人际交往上
BIESHUZAIRENJIJIAOWANGSHANG

多结交一些与自己优势互补的朋友。

在互补方面，你还有一类人际关系是必不可少的，那就是老年人。一般来说，青年人的性格如同一匹不羁的野马，藐视既往、目空一切、好走极端，勇于改革而不去估量实际的条件和可能性，结果常常因浮躁而改革不成，思考多于行动，议论多于果断。为了弥补这一缺陷，你就需要找一些"忘年交"，从老年人身上去学习那些自己最需要的东西，比如坚定的志向、丰富的经验、深远的谋略和深沉的感情。而且老年人有着丰厚的人际关系资源，可以为你提供广泛的人际关系"门路"。因此，在你的人际圈子中，老年人是必不可少的。

巧妙利用名人效应

香港影视界明星成龙17岁刚出道时，当临时演员、替身、武行的价码一天只不过几十元港币；几年后跃身为主角、导演，一部戏的片酬不过一万多港币；现在他红遍国际影坛，片酬已涨至亿元港币之上。这中间万倍身价的差异，就在于名人效应。

名人身上的光环可以给人带来无形的优越感、自豪感，因此名人是很多人心目中的偶像，有着一呼百应的作用。许多人崇尚名人，因此也就喜欢效仿名人，名人喜欢什么，他们就会喜欢什么；名人用什么，他们就会用什么。我们可以来看一个最典型的例子。

李嘉诚成名之后，他特殊的身份就蕴藏着无限的商业价值，他自己就成了活广告，成了别人效法、模仿的对象。日产房车为李嘉诚参股的中泰合诚汽车公司代理经销，因此李嘉诚就用上了日产总统型房车。

香港人曾对日产车抱有偏见，认为日本只能生产皇冠、丰田、本田等廉价大众车。当李嘉诚最开始拥有这种车的时候，这种车还没有什么知名度。但是由于李嘉诚的名人广告效应，由于他用了这种日产总统型汽车，使得这种车的身价迅速倍增，许多香港富豪都改变了只钟爱欧美名车的偏好，争相购买此车，结果该车迅速由原来的供大于求转变为供不应求。

其实从这种车的本身来看，它的质量、技术以及售后服务等各方面都没有什么改变，但是现在，李嘉诚用了这种车，这就足够了，足够让很多人喜欢它了。这就是名人效应所带来的戏剧性效果。

在人们的潜意识里，或多或少都有崇拜名人、模仿名人的心理。追星族就喜欢模仿名人的行为穿着，以名人的喜好为喜好。平常人虽然没有追星族这么明显，但是经过适当的引导，这种心理一样会表现得十分强烈。英国王妃戴安娜生前曾带头穿平底鞋，结果英国市场上的高跟鞋就无人问津了。这种情形在生意中，到处都可以见到。这一效应带给我们的重要启示就是：要想做生意，就不能绕过名人这一层关系。我们应该巧妙地把自己的产品和某个名人挂上钩，来抬高自己的身价，扩大自己的生意。

有一次，胡雪岩在南京的丝栈里积压了几千轴丝绢，由于行情不好，就算出了手，也卖不了多少钱。正在发愁之际，胡雪岩灵机一动，想到了一个妙计。他给南京那些身居要职的官员，以及很有名望的乡绅，每人送一件丝织的单衣，并约好外出时一定要穿在身上。南京城里的其他官员和读书人见了，都跟着效仿起来，于是丝绢单衣很快就成了风行一时的时装，丝绢的价格也随之大涨。胡雪岩见时机已到，就派人把仓库里的丝绢都拿到市场上去卖，每轴丝竟然卖出了比以往高得多的价格。

东晋的名士谢安也玩过这种把戏。一次，有位同乡被罢了官，回乡前来向谢安辞别。言谈之中，谢安得知同乡的路费还没有着落，只有五万把蒲扇。这蒲扇既不畅销，价格也不贵，要是就这么一把把地卖，恐怕行程羁留，路费还筹不足。

谢安想了想，便向同乡要了一把，然后摇着蒲扇到处串门。于是很快，蒲扇便成了名士风度的一部分，人们纷纷学样，蒲扇也跟着畅销。同乡的五万把扇子很快都卖光了，最后顺利地回归故里。

其实，之所以会出现这种跟风的名人效应，也是由于人们天生的一种本性：不管一个人目前的生活怎样艰难、地位怎样卑微，他的内心都有一种成为大人物，获得出名成功的希望，因此他就喜欢效仿大人物，人家喜欢什么他就喜欢什么，人家用什么他就用什么，以获得一点虚荣之心。于是名人效应也就出现了。

而我们作为生意人，一定要对这种人性中的弱点有所洞察，要善于根据自己的需要加以引导。比如你可以有意识地结交一些名人做朋友，然后在他们身上施用名人效应，靠他们的影响来做大自己的生意。这种能给你提供帮助的名人，正是你的贵人。

Part9 社交尺度：拿捏人际关系的分寸

　　人际关系，看似简单实则微妙，这里存在着许多的规则和分寸。这些规则和分寸拿捏得好，就会做到四处逢源，游刃自如；拿捏得不好，就有可能让自己处世维艰，寸步难行。

　　俗话说：打蛇要打七寸。因此，要使自己达到如鱼得水的境界，就必须掌握以下的分寸和原则。

没事时也要保持联系

　　有事的时候找朋友，人皆有之；没事的时候找朋友，你可曾有过？

　　很多人都有这样的经验：当自己遇到了困难，认为某人可以帮自己解决时，本想马上去找他，但后来想一想，过去有很多时候本来应该去看人家的，结果都没有去，现在有求于人了就去找他，是不是太唐突了？甚至因为太唐突了而担心遭到他的拒绝？但是这有什么办法呢？为人交友，本来就应该"闲时多烧香"才对。缺乏了必要的联系，时间一长，再牢靠的关系也会变得松懈，再好的朋友也会变得互相淡漠，到时候再去求人办事做生意，就会不知不觉地平添一些隔膜。

　　所以，即使你现在不需要他人的帮助，你也有必要和他们保持联系。如果你只在需要他们支持的时候，或者需要他们帮助的时候，或者需要他们为你引荐的时候才想起与他们联系，那么很快他们就会明白，你只是在利用他们，这样做非但不能和他们建立起良好的关系，还会很容易损害你们业已建立起来的关系。而且不需要帮助时也和他人保持联系，还会给你的生意带来很多意想不到的机会。

　　有一个业务员有一个客户，他只能在每年从8月中旬开始到9月底为止的这段时间里见到他，因为那是客户的公司准备财务报告的时期。还有就是每年5月的一天，当客户把纳税申报单带到办公室来的时候。"除此以外，我和他没有任何其他的联系。"

　　这个业务员有一天忽然心血来潮，邀请了那位客户一起吃午饭。他回忆说："我们一点也不谈生意上的事情，这一点，我有言在先。我发现，我们两个人都喜欢某位作家。之前，我发现了一位新作家，他的作品和我们喜欢的作家的作品风格相近，在我家里有这位作家的书，我想把它们送给那位客户以示友好。我把书带到办公室，包装好了以后寄给了他。"后来，他们两个又经常在一起谈论这个作家以及其他的一些话题。令这个业务员没想到的是，他从这个客户这里竟然又接到了很多生意。尽管那次午餐纯属业务员无意中想到的，却为他的业务带来了大量的契机。

还有一个业务员，他每个季度都会给客户寄一些东西。他给他们寄去的不是销售广告信息，而是其他一些与客户有关的信息。比如，他从报纸或杂志上看到一篇和他的客户有关的文章，那是关于他们所处行业的信息，他认为他的客户会对此感兴趣，于是就把文章寄给他们。在客户生日的时候，他会给他们打电话，而且会寄生日贺卡。通过这些业务之外的联系，这个业务员和他的客户一直维系着良好的关系，当业务员有事找他们时，他们总是乐于合作，而且也心甘情愿地为这个业务员介绍更多的生意。

关系的建立和发展自有其自己的规则。你和他人的关系持续的时间越长、联系越多，关系也就越深厚，你所得到的益处也就越多。而且积极的、牢固的关系包含着给予和收益的双重内容，如果你在不需要他们的时候还是持续保持与他们的联系，那么当你真的需要他们的帮助时，他们也很乐意为你施以援手。经常和他人保持联系，即使你的联系方式很简单，比如一声问候："你好吗？""你的孩子该上初中了吧？成绩怎么样？""什么时候来我这里，我们一起吃午饭怎么样？"等等，或者是一封电子邮件、一个电话、一张明信片等等，都会让他们觉得亲切。日后当你真的需要他们时，他们也不会觉得突兀，因为你已经为你们的关系提前投入了。

所以你要记住：闲时多烧香，急时有人帮。

学会冷庙烧高香

多个朋友多条路，不嫌弃落难的朋友，也能给自己打开一条"路"。交朋友要广，眼睛不能只盯着炙手可热的权势人物，冷庙也得多烧香，这样办起事来你的路子才会四通八达。

同样是烧一炷香，冷庙的神却认为这是天大的人情，日后有事去求它，它自然特别照应。如果有天风水转变，冷庙成了热庙，神对你还是会特别看待，不把你当成趋炎附势之辈。

其实不只是庙有冷热之分，人又何尝不是？一个人是否能发达，要靠机遇。你的朋友当中，有没有怀才不遇的人，如果有，这个朋友就是冷庙。你应该与热庙一样看待，时常去烧烧香，逢到佳节，送些礼物。为求实惠，有时甚至可以送些钱，请他自己买些实用的东西。这是他欠的人情债，人情债越欠越多，他想还的心越切。所以日后他否极泰来，第一要还的人情债当然是你。他有清偿的能力时，即使你不去请求，他也会自动还你。

有一个公司老板最喜欢栽培年轻人，比如他听说某公司有个年轻人被提升为业务主管或其他什么职务时，总要带着礼物去道贺，祝对方更上一层楼。而年轻人受到一个公司老总这样的礼遇心中自然也非常欣喜、感动，日后有能力时自然也就会对他多加照顾，因此几年来，这家公司生意一直不错，这在很大程度上要归功于老板的冷庙烧香。

有的人能力虽然很平庸，然而因一时命运通达，也会成为不可一世的人物。人在得意的时候，一切就看得很平常，很容易，这是因为自负的缘故。如果你的境遇地位与他相差不多，交往当然无所谓得失。但如果你的境遇地位不及他，往来多时，反而会有趋炎附势的错觉。即使你极力结纳，多方效劳，在对方看来也很平常，彼此感情不会有多少增进。一旦对方遭遇逆境，以前亲亲热热，今则相逢不相识；以前车水马龙，今则门可罗雀；以前前呼后拥，今则哀告不灵；以前无往不利，今则处处不顺，他的梦醒了，对人的认识也比较清楚了。

如果你认为对方是个英雄，就该及早结纳，多多交往；或者乘机进以忠告，指出其所有的缺失，勉励其再接再厉。如果自己有能力，更应给予适当的协助。而物质上的救济，不要等他开口，随时采取主动。有时对方很急需，又不肯对你明言，或故意表示无此需求，你如果知情，更应尽力帮忙，并且不能有丝毫得意的样子，一面使他感觉受之有愧，一面又使他有知己之感。寸金之遇，一饭之恩，可以使他终生铭记。日后如找他办事，他必奋身图报。即使你无所需，他一朝否极泰来，也绝不会忘了你这个朋友。

俗话说："在家靠父母，出外靠朋友。"每个人生活在社会上，都要靠朋友的帮助。但平时礼尚往来，相见甚欢，婚丧喜庆、应酬饮宴，几乎所有的朋友都平等。而一朝势弱，门可罗雀，能不落井下石、趁火打劫就不错了，还敢期望雪中送炭、仗义相助呢？

所以我们要趁自己有能力时，多结交些潦倒英雄，使之能为己而用，这样的发展才会无穷。

对朋友的投资，最忌讳的是讲近利，因为这样就成了一种买卖。如果对方是有骨气之人，更会感到不高兴，即使勉强接受，也会不以为然。日后就算回报，也只是半斤还八两，没什么好处可言。

平时不屑往冷庙上香，临到办事时再来抱佛脚也来不及了。一般人总以为冷庙的菩萨不灵，所以才成为冷庙。其实英雄落难，壮士潦倒，都是常见的事。只要一朝风云际会，仍是会一飞冲天、一鸣惊人的。

从现在起，多留心看看哪座冷庙你将来有可能求助，不妨在无事的时候多烧两炷香，在你有事相求的时候再多磕两个头，庙里的"菩萨"肯定会对你有求必应的。

给自己留后路

钱钟书先生一生日子过得比较平和，但困居上海孤岛写《围城》的时候，也窘迫过一阵。辞退保姆后，由夫人杨绛操持家务，所谓"卷袖围裙为口忙"。那时他的学术文稿没人买，于是他写小说的动机里就多少掺进了挣钱养家的成分。一天500字的精工细作，却又绝对不是商业性的写作速度。恰巧这时黄佐临导演上演了杨绛的四幕喜剧《称心如意》和五幕喜剧《弄假成真》，并及时支付了酬金，才使钱家渡过了难关。时隔多年，黄佐临导演之女黄蜀芹之所以独得钱钟书亲允，开拍电视连续剧《围城》，实因她怀揣了老爸一封亲笔信的缘故。钱钟书是个别人为他做了事他一辈子都记着的人，黄佐临四十多年前的义助，钱钟书四十多年后还报。

俗话说"在家靠父母，出门靠朋友"，多一个朋友多一条路。要想人爱己，己须先爱人。诸位当时存有乐善好施、成人之美的心思，才能为自己多储存些人情的债权。这就如同一个人为防不测，须养成"储蓄"的习惯，这甚至会让各位的子孙后代得到好处，正所谓"前世修来的福分"。黄佐临导演在当时不会想得那么远、那么功利。但后世之事却给了他作为好施之人一个不小的回报。

究竟怎样去结得人情，并无一定之规。对于一个身陷困境的穷人，一百元钱的帮助可能会使他度过极度的饥饿和困苦，或许还能干出一番事业，闯出自己富有的天下。对于一个执迷不悟的浪子，一次促膝交心的帮助可能会使他建立做人的尊严和自信，或许在悬崖前勒马之后奔驰于希望的原野，成为一名勇士。

就是在平和的日子里，对一个正直的举动送去一缕可信的眼神，这一眼神无形中可能就是正义强大的动力。对一种新颖的见解报以一阵赞同的掌声，这一掌声无意中可能就是对革新思想的巨大支持。就是对一个陌生人很随意的一次帮助，可能也会使那个陌生人突然悟到善良的难得和真情的可贵；说不定他看到有人遭到难处时，他会很快从自己曾经被人帮助的回忆中汲取勇气和仁慈。其实，人在旅途，既需要别人的帮助，又需要帮助别人。从这个意义上说，帮人就是积善。

也许没有比帮助这一善举更能体现一个人宽广的胸怀和慷慨的气度的了。不要小看对一个失意的人说一句暖心的话，对一个将倒的人轻轻扶一把，对一个无望的人赋予真挚的信任。也许自己什么都没失去，而对一个需要帮助的人来说，也许就是支持，就是宽慰。相反，不肯帮助人，总是太看重自己丝丝缕缕的得失，这样的人目光中不免闪烁着麻木的神色，心中也会不时地泛起一些阴暗的沉渣。别人的困难，他可当作自己得意的资本，别人的失败，他可化作安慰自己的笑料；别人伸出求援的手，他会冷冷地推开；别人痛苦地呻吟，他却无动于衷。至于路遇不平，更是不会拔刀相助，就是见死不救，也许他还会有十足的理由。自私，使这种人吝啬到了连微弱的同情和丝毫的给予都拿不出来。

也许这样的人没有给人帮助倒是其次，可怕的是他不仅可能堕落成一个无情的人，而且还会沦落为一个可悲的人。因为他的心只能容下一个可怜的自己，整个世界都不关注和关心，其实，他也在一步步堵死自己所有可能的路，同时也在拒绝所有可能的帮助。

战国时代有个名叫中山的小国。有一次，中山的国君设宴款待国内的名士。当时正巧羊肉羹不够了，无法让在场的人全都喝到。有一个没有喝到羊肉羹的人叫司马子期，此人怀恨在心，到楚国劝楚王攻打中山国。楚国是个强国，攻打中山易如反掌。中山被攻破，国王逃到国外。他逃走时发现有两个人手拿武器跟随他，便问："你们来干什么？"两个人回答："从前有一个人曾因获得你赐予的一壶食物而免于饿死，我们就是他的儿子。父亲临死前嘱咐，中山有任何事变，我们必须竭尽全力，甚至不惜以死报效国王。"

中山国君听后，感叹地说："施怨不在乎深浅，而在于是否伤了别人的心。我因为一杯羊羹而亡国，却由于一壶食物而得到两位勇士。"这段话道出了人际关系的微妙。

给人好处不可张扬

某先生给我们讲过他祖父的故事，在理解人情世故的微妙方面，具有很好的启发作用：当年，祖父很穷。在一个大雪天，他去向村里的首富借钱。恰好那天首富兴致很高，便爽快地答应借给祖父两块大洋，末了还大方地说：拿去开销吧，不用还了！祖父接过钱，小心翼翼地包好，就匆匆往等着急用的家里赶。首富冲他的背影又喊了一遍：不用还了！

第二天大清早，首富打开房门，发现自家院内的积雪已被人扫过，连屋瓦也扫得干干净净。他让人在村里打听后，得知这事是祖父干的。这使首富明白了：给别人一份施舍，只能将别人变成乞丐。于是他前去让祖父写了一份借契，祖父因而流出了感激的泪水。

祖父用扫雪的行动来维护自己的尊严，而首富向他讨债极大地成全了他的尊严。在首富眼里，世上无乞丐；在祖父心中，自己何曾是乞丐？把"施恩"变成了"施舍"，一字之差，高低立见，效果大大的不同。

生活中经常有这样的人，帮了别人的忙，就觉得有恩于人，于是心怀一种优越感，高高在上，不可一世。这种态度是很危险的，常常会引发反面的后果，也就是：帮了别人的忙，却没有增加自己人情账户的收入，正是因为这种骄傲的态度，把这笔账抵消了。

古代有位大侠郭解。有一次，洛阳某人因与他人结怨而心烦，多次央求地方上的有名望的人士出来调停，对方就是不给面子。后来他找到郭解门下，请他来化解这段恩怨。郭解接受了这个请求，亲自上门拜访委托人的对手，做了大量的说服工作，好不容易使这人同意了和解。照常理，郭解此时不负所托，完成这一化解恩怨的任务，可以走人了。可郭解还有高人一着的棋，有更技巧的处理方法。

一切讲清楚后，他对那人说："这件事，听说过去有许多当地有名望的人调解过，但因不能得到双方的共同认可而没能达成协议。这次我很幸运，你也很给我面子，我了结了这件事。我在感谢你的同时，也为自己担心，我毕竟是外乡人，在本地人出面不能解决问题的情况下，由我这个外地人来完成和解，未免使本地那些有名望的人感到丢面子。"他进一步说："这件事这么办，请你再帮我一次，从表面上要做到让人以为我出面也解决不了问题。等我明天离开此地，本地几位绅士、侠客还会上门，你把面子给他们，算作他们完成此一美举吧，拜托了。"

人都爱面子，你给他面子就是给他一份厚礼。有朝一日你求他办事，他自然要"给回面子"，即使他感到为难或感到不是很愿意。这，便是操作人情账户的全部精义所在。人们总是尽其全力来保持颜面，为了面子问题，可以做出常理之外的事。有句歌词非常流行，"若是某些记忆使你痛苦，何不轻易地去遗忘它。"但是谈何容易！在知道人们是如何地注重面子之后，还必须尽量避免在公众的场合内使你的对手难堪，必须时时刻刻提醒自己不要做出任何有损他人颜面的事。永远记住一个物理的反应：一种行为必然引起相对的反应行为。只要你有心，只要你处处留意给人面子，你将会获得天大的面子。

所以，帮忙时应该注意下列事项：第一，不要使对方觉得接受你的帮助是一种负担；第二，要做得自自然然，也就是说在当时对方或许无法强烈地感受到，但是日子越久越体会出你对他的关心，能够做到这一步是最理想的；第三，帮忙时要高高兴兴，不可以心不甘、情不愿的。

如果你在帮忙的时候，觉得很勉强，意识里存在着"这是为对方而做"的观念，假如对方对你的帮助毫无反应，你一定大为生气，认为"我这样辛苦地帮你忙，你还不知感激，太不识好歹了！"如此的态度甚至想法都不要表现。如果对方也是一个能为别人考虑的人，你为他帮忙的种种好处，绝不会像打出去的子弹似的一去不回，他一定会用别的方式来回报你。对于这种知恩图报的人，应该经常给他些帮助。

总之，人际往来，帮忙是互相的，切不可像做生意一样赤裸裸地，一口一个"有事吗""你帮了我的忙，下次我一定帮你"。忽视了感情的交流，会让人兴味索然，彼此的交情也维持不了多长时间。要讲究自自然然，不故意"打埋伏"，以免被别人想："和他做朋友，如果没用处，肯定会被一脚踢开！"

让自己变得有人情味

生活中有许多人抱着"有事有人，无事无人"的态度，把朋友当作受伤后的拐杖，复原后就扔掉。此类人大多会被抛弃，没人愿意再给他帮忙；他去施恩，大概也没人愿意领他的情。

某君便有一个这样的朋友，是很好的例子："我有一个高中同学，而且是十分要好的朋友。我们进入了同一所大学，刚开学，她就主动地当了班级干部。有人说：地位高了，人就会变。自从她上任后，见到我，有时干脆装作没看见，日子久了，我们就疏远了。但她有时也会突然向我寻求帮助，出于朋友一场，我总是尽心尽力地帮忙。可事后，她老毛病又犯了，我有种被利用的感觉，却无奈于心太软。就这样她大事小事都找我，其他朋友劝我放弃这份友情，这种人不值得交。当我下决心与她分开时，她伤心地流下泪，她除了我竟没有一个朋友。"

一个没有人情味的人，是永远玩不了"施恩"这看似简单实则微妙的人情关系术的。比如说，给人帮助不能过于"挑明"，以免伤人自尊；施恩于人不可一次过多，否则会成为对方的负担，双方再难维持关系。这种人只会用"互相利用，互相抛弃，彼此心照不宣"来推挡，而不去深思人情世故的奥秘之处，所以无法达到人情操纵自如的境界。

要让人觉得有人情味，应注意以下几点：

1. 与朋友多待在一起，最好是"泡苦水"。

人们在一起共事时，大家同舟共济，共同的命运把彼此连在了一起，只要采取合作态度，互相支持、互相帮助、互相关照，是最容易产生感情认同的。特别是在困难环境中，彼此相依为命、共渡难关、可能终生难忘，交情将变得更为牢固。比如，当年不少知识青年从城里到乡下插队，几年中大家一个锅里吃、一个炕上睡，哪一个人受了欺负，大家一起为他鸣不平，如此心心相印的共同言行，必然转化为深厚的感情，铭刻在各自的记忆中，不管日后分散天南海北，做了什么工作，谁也不会忘记这段交情。

共事时间长固然可以形成深厚的交情，有时相处时间并不长，但只要同心协力、相互支持、彼此关照，也能引起对方的好感，同样可以建立难忘的交情。有这样两个军人，一个在司令部当参谋，另一个在政治部当干事，平时并没有什么交往。有一次部队拉练，他们两人作为工作组成员被分到了一个连队。部队每天走百里路，行军路上，他们互通情况；收集材料，一起帮助连队组织好行军，为解除战士行军的疲劳，还轮流作宣传鼓动；脚上打了泡，每到一地，互相帮助对方挑泡，买了吃的一起分享。就这样，行程千里，圆满完成任务，两个人也结下了深深的交情。20年后，当了部长的参谋到外地开会，还专门绕道到某陆军学院去看战友。两人见面，忆起当年一起行军，分吃一只苹果，一起追野兔子的情形，不消说多么高兴。这样，十天的交情，记了一辈子。

2. 培养与朋友的共同兴趣，以达"趣味相投"的高度。

有时候因为共同的爱好、兴趣，也可能成为彼此交情的纽带。比如，都爱下棋，在路边棋场相识，相互成了棋友；都爱垂钓，在湖边相遇成了钓友……这样共同的东西把彼此召唤到一起，在共同切磋中，便结下了友情。某军校外面有一条清幽的小路，早晨常有人到这里跑步锻炼。一位姓王的教员和一位姓高的教员，每天跑步之后在这里相遇，然后一起散步，边走边聊天，由一般的寒暄到互相了解。两个人都爱好写作，少不了交流体会看法，彼此虽没有物质的交往，只是一种信息和思想观点的交流，但依然有很强的吸引力，都觉得受益匪浅。时间长了，共同语言越来越多，形成了习惯，不管春夏秋冬，不约而同准时到这里会合。后来，老王调到北京还经常打电话来问候，保持着密切的联系。

3. 杜绝"一次性交际"的心态及行为。

毋庸置疑，在某些"实用型"人物的眼中，所谓的"人情"便是你送我一包烟，我给你几块钱，就像借债还钱，概不赊欠。这种一次性的交际行为看似洒脱，实则包含了太多的困惑与无奈。诚然，受助者也许在短时间内不愿再次开口求助，而实施援助行为的一方其实也没有必要固守"事不过三"的古训，当人家确实有困难而无能为力的时候，尽管你已经帮助过他，尽管他不好向你开口，但作为知情者，你不应无动于衷，不妨再次主动伸出援助之手。事实上这种"后继有人"的交际行为能够赢得更大的"人情效应"，即使受助者一时无力给你回报，你的行为风范，你的崇高秉性，已被更多的人所知晓。

敢做更要敢当

田丽是个美丽可人的女孩，刚从分部调进深圳总公司时，大家众星捧月一样围着她，不论男同事、女同事都非常喜欢她。可是不久以后，大家就发现了田丽不可爱的一面。有一次公司的一个女同事花了三个多小时录入了一份资料，可是在她出去喝杯咖啡的时间里，那份没存档的资料就消失了。资料当然不会无缘无故消失，唯一的可能就是有人动了她的电脑，会是谁呢？这位女同事很和气地问了几遍，但始终没人承认。后来公司的一个文员告诉大家，她看见田丽曾按了一下回车键，这件事使大家对田丽的好印象消退了很多，一个敢做不敢当的人实在让人不敢恭维。不久后，又发生了另外一件事。田丽所在的A组接受了一项工作，为一个大型百货的促销活动提供服务，也就是说从市场调查一直到策划都要做好。十天后，A小组完成了全部工作，但后来却发现橱窗设计有问题，这给百货公司带来了损失，A小组成员一个个忐忑不安，准备接受公司的处罚。这个时候大家本来应该风雨同舟，没想到检讨会一开始，田丽就抢先发言说这件事和她没关系，她当时没对橱窗设计提出过什么意见，对这个错误不负有责任。但实际上大家都很清楚，橱窗设计方案田丽从头至尾都参加了。公司领导没有太过严厉地批评大家，只希望大家吸取教训，几个主要领导都对田丽推脱责任的做法感到不满。同事们就更不用说了，大家都疏远了田丽，几个刻薄的同事还时不时对她冷嘲热讽。结果，不久后田丽就主动辞职了。

田丽不敢承担责任，敢做不敢当的行为，受到了大家的鄙弃，结果她失去了大家的好感，也失去了一份得之不易的工作。其实一个人即使再聪明、再缜密，也会有出错的时候，只要你勇敢地承认错误，一定会取得别人的谅解。一个肯负责任的人，大家才会信任他、喜欢他！

人犯了错误后，一般有两种反应：一种是死不认错，而且还极力为自己辩解，这一点可以理解却不可原谅；另一种反应是坦白认错。

两种反应各有利弊得失，具体分析如下：

第一种反应的好处是不用承担错误的后果，即使承担，也要把其他人拖下水，这是有的人死不认错的道理。此外，如果躲得过，也可避免别人对你的形象及能力的怀疑。可是，这种死不认错的做法并不是一种上策，因为死不认错的坏处比好处多得多。

假设你犯的是大错，那么此错必定人人皆知，你的狡辩只能让人对你心生嫌恶罢了。如果所犯之错证据确凿，你虽然具有一流的狡辩功夫，但还是逃不掉责任，那又何苦去狡辩呢？如果你所犯的只是小错，用狡辩去换取别人对你的嫌恶和不信任，那更划不来呀！

我们姑且不论犯错所需承担的责任，不认错和狡辩也有损于自己的形象。不管你口才多么好，借口多么完美，如果你逃避错误，那他人就会认为你"敢做不敢当"。于是，主管不敢信任你，别的部门的主管也"怕"你三分，同事们更因怕你哪天又犯了错，把责任推得一干二净，于是抵制你，拒绝与你合作。而最重要的是，不敢承认错误会成为一种习惯，也使自己丧失面对错误、解决问题和培养解决问题能力的机会。所以，不认错的弊大于利。

那么第二种情形呢？也许有人要说，如果诚实认错，那不是要立即付出代价，独吞苦果吗？有时候碰到的主管的确会如此，他们会当场责罚犯错者，但绝大多数主管都会"高抬贵手"——既然人家都认错了，还要怎么样？而且从心理上讲，如果你认错，这表明了主管与你位置的高低，主管受到尊重。再怎么说，都要替你减轻一部分责任，何况你犯错，他也有"督导不周"的责任呀！所以，在现实情况下，认错的后果并不像想象的那么严重。

另外，诚实认错还有一些间接的好处，例如：

1. 为自己塑造一种"勇于承担责任"的公众形象——无论主管还是同事，他们都会欣赏、接受你的这种做法。因为你把责任扛了下来，不诿过于他们，他们感到放心，自然尊敬你，也乐意跟你合作，更乐于替你传播你的形象，这可是你的无价资产呀！

2. 以此磨炼自己面对错误的勇气和解决问题的能力——你不可能一辈子都没有缺点，而且其他人也做不到这一点，趁早培养这种能力，对你的未来大有好处。

3. 如果真的因为认错而招来主管的责骂，那正好可以为你塑造一个弱者的形象——弱者往往会引起他人的同情，也能招来他人的帮助，你会因此而获得不少人心。而且大部分的主管在骂过人之后，都会不忍心，就算要处罚你，也不会下手太重。人同此心，心同此理呀！

由此看来，如果你犯了错，那就诚实认错吧！但一个人如果仅会认错这还不行，认错之后接下来要做几件事情：

①赶快想办法补救，以免事态扩大。

②等事情过去了，要检讨犯错的原因，并加以改进，以免下次又犯错！

③如果你的犯错影响到别的同事，那么要向他们表示歉意，如果他们也帮忙作善后，感谢当然是不能免啦！

做人光明磊落，敢做敢当，就会受到人们的敬仰和信赖，获得好人缘。诚实地承认错误要冒不被谅解的风险，但推卸责任却要冒被人轻视的风险。更重要的是，承认了错误你还有补过的机会，但敢做不敢当却会使你失去重新来过的机会。

做人须有"道"

老方人如其名,做人方方正正,从不去做歪门邪道的事,也从不会算计别人、陷害别人,因此老方走到哪里,别人都要给他喝一声彩。老方在厂区管理处工作了多年,处理的都是一些人事上的事和生活中的小事,按理说这个工作是很容易得罪人的,但老方做起来却头头是道。大家都放心地说,我们信任老方,他呀没私心,一碗水端得平。比如说,上次他的舅妈从乡下带来了几只鸡,在自家房边围了个栏养起鸡来,有人对老方提了一次,他马上找到舅妈,请她把鸡或卖或杀,不要影响厂区形象。舅妈很生气,骂他不讲人情,连几个领导也来劝说养鸡没什么大不了的,但老方却坚决不同意,"如果我让舅妈做了违规的事,那以后还怎么管别人!"结果舅妈只好把鸡全卖了。日常生活中,老方是个老实厚道的人,吃点小亏从不往心里去,找他办事时,只要是力所能及的都会不辞辛苦地去做,大家都喜欢老方,也愿意配合他的工作。有人在老方公事公办时骂过他,但事后还是要说:"老方没私心,办得很公道,骂了他他还忍着,真是难为他了!"

老方做的是得罪人的工作,但他做人有"道",结果大家还是喜欢他、支持他的工作。生活中,如果你也能像老方一样做人,那你也一定会成为受欢迎、有好人缘的人。

那么,做人有"道"都包括哪些方面的要求呢?

首先,办起事来要公道。

一个人做事是否公道,是衡量他人品道德高下的标准之一。有人常说,某某领导、某某老板做事没有公道,非常"霸道"等等。公道就是以公正、公平、正确的道理去处世待人。公道的基础在于实事求是，只有对事情的本来面目有了清晰的认识，对事情发展的脉络方向有清醒的分析，对事情的正面和负面才有恰如其分的区别，才能真正做出"公道"的结论。在社会交往中只要你给对方以"实事求是"，就可以长久地拥有与之合作的机会。

相对于公道的可以说是"私道"。私道的核心思想就是"惟我"，以"我"为中心，以私利为半径画圆。更恶劣的是"霸道"，顺我者昌，逆我者亡，蛮横强暴，强词夺理。然而有道是"一时强弱在于力，千古强弱在于理"，霸道的人可以逞强于一时，但却不能逞强于一世，唯我独尊，称王称霸，最终不可能有好结果。像这种人，大家只会对他敬而远之，而一旦他遇到了困难、麻烦，大家不但不会帮他，还会拍手称快。所以霸道的人，只能得到一时之利，却会失去人心，这样看来做人太私道、太霸道实在没什么好处。

热衷于"私道"和"霸道"，是日常应酬中的两个大忌，以公道对待他人，他人才能还你以公道。

其次，待人一定要厚道。

厚道是中华民族传统文化积淀而成的对一个人做人品质的褒奖，它的内涵丰富，寓意深广。

我们所说的厚道，是指一个人待人以诚，不欺不诈、不诳不骗、以大局为重、与人为善、不争名夺利、不计较个人恩怨，能忍受非原则的误解和委屈，但不是浑噩麻木的世俗庸人。厚道的人是能冲破世俗观念的羁绊，站得更高，看得更远，有着深厚的思想和道德修养的。在日常交往中，如果一个人有失厚道，而总是想着利用他人的厚道占一些小便宜，以满足自己的私利，其最终只能为人所不齿。

某地有这样一个人，他总喜欢在朋友中间耍一点小聪明，比如他常常对朋友说他有极大的能耐，可以帮助人家揽事做挣点钱。刚开始时大家都信任他，努力帮他把揽下的事做好，他也和大家讲好什么时候付钱。可是事情过后，他就装糊涂，利用大家不好意思向他讨要这份报酬的厚道，再也不提付钱的事了。朋友不是傻子，不可能总上当。因此几次过后，现在那帮朋友都已经不相信他了，他再来找他们干什么事，他们也不再答应。这样的人，虽然可以利用他人的厚道欺骗别人一两次，但是最终会被大家遗弃。

所以在日常交往中，以诚实待人，以厚道处世，将会得到越来越多的朋友与合作者。

最后，还要为别人考虑周到。

所谓周到，无疑就是指面面俱到、没有遗漏、没有疏忽、兼顾多面、整体涵盖等。做事时要常为别人着想，为别人考虑，周到、思想周密的人，往往会得到人们的尊敬和欢迎。

一个人如果能做到办事公道、待人厚道、考虑周到，那么这个人的人缘一定会不错，这是因为他的心中存在着一个"正"字，一个"公"字。什么人会不喜欢这样正直无私的人，不乐于和这样的人来往呢?

保持适当的距离

如果希望友谊长久而稳定，就要把握好交往的分寸。过于亲密或者过于疏离都不利于长久地保持友谊。

友情需要距离的度量。有距离才有吸引，心灵也才能保持独有的空间。古语云:人未己知，不可急求其知;人未己合，不可急与之合。意思是说，别人还没有了解自己，不要急于让人家了解;别人还没有与自己相处融洽，不要急于同别人融洽相处。所谓日久见人心，也有这个含义。交朋结友本来就是双方的事情，不能由着自己一厢情愿，而应当尊重对方，耐心地等待对方。朋友之间由于生存环境的差异、受教育程度的差别、人生经历的不同等，对一些问题的理解对一些事情的看法总会有诸多的不同，因此保持各自独立的心灵空间也就显得很重要，朋友之间如果走得太近，胶着了，友谊也很难长久。

有时候交朋友确实是一件很难的事，尤其是我们走上社会后，人与人之间的距离好像很远。尔虞我诈的事例不得不让自己多设置一道防线。孔子的学生子游曾说："事君数，斯辱矣。朋友数，斯疏矣。"主管或者老板有不对的地方，做职员的有劝告的责任，那是我们忠于事情和职业，是职业道德。但劝告多次他都不听，再勉强去说，自己就招来侮辱了。过分的要求或劝告，次数多了交情就疏远了。孔子嘱咐他的弟子，交朋友之道在"忠告而善道之"。虽然我们尽职尽责劝勉他，他不采纳我们的建议或意见，实在没有办法的时候我们就"适可则止"了，千万不要再去勉强。如果过分了就会"毋自辱焉"。朋友的交情就没有了，甚至还会变成冤家对头。看起来这些话好像很圆滑，但是事实上我们根据经验判断这些话是有道理的。

中国文化中友道的精神在于"规过劝善"，这是朋友的价值，批评和自我批评，有错误相互纠正谅解，彼此共同改掉毛病或缺点，互相学习勉励，共同发展，这就是真正朋友。但规过劝善，有一定的尺度，尤其是现在一些合伙做生意做买卖的朋友，更要注意。知道自己难以改变朋友的做法，那就不要再勉强了，让朋友自己去领悟去吧，也许他的想法是正确的，就算错了，吃一堑长一智，对朋友也算是有帮助的。这样还能保持朋友的关系，也伤不了彼此的感情。就拿公司的老板来讲，他们与属下或者朋友也要像朋友一样相处，彼此都要把握一个恰当的尺度，如果超过了一定的限度，那么就会成冤家了。对朋友要"敬而无失"，朋友交往得越深越亲近了，就更应该诚敬，朋友间要保持一定的距离，尽量避免过失。不但个人关系如此，一个公司，一个机构也是同样的道理。

很多人误以为好友之间应该无话不谈，亲密无间，却不晓得过多了解别人的隐私和过多介入别人的生活于人于己都是负担！无论你和朋友多么知心，都须明白"疏不间亲、血浓于水"的道理，你的朋友最亲近的人是他的配偶、子女和父母，而不应是你。生活中常见的一幕是：约朋友周末出来聚聚，朋友说要陪老婆或女友，便讥笑朋友"重色轻友"。其实，"重色轻友"也没什么不对，无论多要好的朋友，都不应占用对方太多的时间，不应过多介入对方的家事，不要经常性地无事拜访或经常做不速之客。

中国人一向崇尚"君子之交淡如水"，这既表达了对上述"亲密无间"行为的反感，也反映了现实的无奈一朋友之间多年不见会产生疏离感。尽管现在有了电话、E-mail、QQ等电子通信方式，但这样的联络只能让人们产生进一步的疏离感。所以，朋友之交不仅推崇"淡如水"，也要注意不时"加点盐"，多聚一聚，见见面。中国人的价值观是"见面三分亲"，而不是"相见不如怀念"的"潇洒"。

中国人把人际关系称为"圈子"，是一个非常贴切的称呼。中国人以自己为圆心，把自己周围的人按照亲疏远近来画"圈子"：最里面一圈是父母兄弟姐妹等亲人，稍外一圈是亲朋好友等友人，再外一圈是邻居同事等熟人，最外一圈就是素不相识的外人。我们处理人际关系的时候，要遵循"先里后外"的顺序，按照远近亲疏的不同关系，给予不同分量的砝码。西方人崇尚人权，人权也就是人们相互平等对待。可是西方的人权观念到了中国就变了滋味，中国人并不主张人人绝对平等，而是主张相对平等，比如对亲人给予九分关照，好友给予七分关照，一般朋友给予五分关照，熟人给予三分关照，这样就"摆平关系"了。如果一个中国人违背了"内外有别"的原则，对亲朋好友与陌生人一视同仁对待，没有"摆平"人际关系，就要遭到众叛亲离的悲惨下场。

在西方人的概念中，朋友不过是可以谈得来、玩得来的伙伴而已。在西方国家，一个人做生意赔了钱，不指望会有朋友站出来慷慨地借钱帮他还债；一个人犯了罪，也不指望会有朋友站出来仗义帮他作伪证开脱。但是在中国，这些都是可能的，这也是中国人把"朋友"看得那么重要的原因。朋友的困难就是自己的困难，朋友的幸福就是自己的幸福，有福共享，有难同当的朋友概念，是西方人难以理解的。在中国，为了帮助朋友看病舍得拿出毕生的积蓄。在中国多一个朋友就多一条路子，多一个朋友就多一个机会，这是不争的事实。中国有一句座右铭："在家靠父母，出门靠朋友。"在中国一个人如果没有朋友，或者朋友太少，那真是寸步难行。

求"神"更要谢"神"

求神拜佛之人，在如愿以偿时，常常会携带香火贡品，再次回到庙里在神佛前表示谢意，感谢他们的暗中保佑。这是因为许愿之后必须还要还愿。在古代，那些金榜题名的书生，通常也要衣锦还乡，举行"谢师礼"，也是这个意思。我们在人际交往中，也应该学会这样做：先求神，再谢神。

求人办了事之后，即便你事先送了大礼，也别忘了再回来道一声谢温暖一下他的心，这是结尾处最完美的一笔。如果你事前装孙子，事后当爷爷，只会堵死你以后的路。

然而我们大多数人的做法是：在用人之前好话说尽千千万万，在事成之后，却是半句问候也没有，让人觉得世态炎凉，伤透了被求者的心。如果以后你还有事求他，恐怕他是不会再轻易答应的。所以在对方帮了你之后，一定要再找个机会对向你提供帮助的人进行感谢。这种做法，会让对方对你建立起好感和信任，并为双方建立起稳固、长久的关系。不要忘了，以后你还有很多事要求对方帮忙，而你的目的就是与对方建立良好的关系，为自己的生意寻找长久的依靠。如果你在对方帮了一次忙之后就对人家置之不理，谁会愿意继续和你交往呢？

当然，如果你们双方的关系已经非常友好、不分彼此了，那就用不着这么客气了，因为这反而会让对方觉得不适。但是，如果你还没有和对方建立关系，或者是还没有建立牢固的关系，那么求神之后的谢神就非常必要。既然你们的关系还不是特别好，那不是更应该加强彼此的联系和交往吗？办完事之后再专门回头感谢，这是多好的发展关系的机会？佛经上说"佛法无边，不度无缘之人"，说的就是这个意思。缘，是靠你自己去交结的。天上不会掉馅饼。所以说，事成之后登门致谢，不是无关紧要的一步，而是"结交缘分"的必要一环，它对你的好处不言而喻。

当然，登门致谢，不同于有事相求，你不必重"礼"相加，只需要多送几顶高帽子、多说几句奉承话，温暖一下他的心，并借此发展关系就够了。

比如你可以开门见山地表示谢意："那件事多亏了你从中帮忙，如今都办妥了，我特意感谢你来了。"这样一句话就可以让对方阳光灿烂，话题也可以由此发挥。少了些功利，多了份悠闲，彼此更容易沟通。或者你还可以这么说："你看，上次让您帮忙，没少麻烦您，如今事情办得差不多了，我心里总觉得过意不去。这不，今天过来跟您坐一坐，聊一聊……"相信听了你的话，他的心一定会被你捕获。

话是怎么漂亮怎么说，事是怎么得体怎么做。成功之后的相处，更能拉近彼此的距离，说不定你还会因此而常有些意外的收获。比如被求者感动之余，有时会不用你相求而主动为你解决困难，或者指点你几招，透露一下内幕——这也很正常，因为你已经赢得了他的信任和好感，成为了他的朋友。

画龙需要点睛，因为眼睛画好了，龙才会栩栩如生；若点不好，那就是败笔，整条龙就没有生气。同样，事情办成功后向被求者表示谢意是你整篇文章中的最后一笔，会起到至关重要的作用。

Part10 社交眼光：挖掘人际关系中的金矿

　　办事讲人缘，成功靠人缘。人人都有求人办事之时，人人都有危难困苦之际，这时有没有人帮助和提携你，就成为你能否成功和幸福的关键。每个人在平时都应该注意结交朋友，打造好的人际关系，因为也许你的人际关系网中的某个人便是成就你人生和事业的贵人。做个有心人，随时随地注意开发你的人缘金矿吧！

大力拓展你的关系

　　人活一辈子，总会碰上几件难办的事，这时候就得靠人缘、靠关系。人缘越好，成功的概率越大，所以要想减少办事的阻力，就要广交朋友。

　　有这样一个寓言故事：

　　一天，一头老驴子遇见一只老蜘蛛，便大吐苦水："唉！命运真是不公平！我从小时候开始，便辛勤劳作，没有一天懈怠过，但仍然是汗流浃背方能糊口，现在我年岁已老高，正在丧失劳动力，命中注定要被主人遗弃。而你，我从来没见你劳作过，却衣食丰足。就是现在老了，你仍不愁吃喝，自有投网者，送来美味佳肴。不是说'天道酬勤'吗？世道为什么这么不公平啊！"

　　老蜘蛛回答："你说我没劳作，这不对。想当年，我每天饿着肚子，熬着筋骨，日复一日地织我这张网。我是靠一张网在生活，网不会因我年老而衰，所以我虽然年事已高，而生活不愁。如果我也像你一样靠我这几条纤细的腿来生活，我会过得比你还惨。"

　　那么，生活中你是驴子还是蜘蛛呢？

　　如果你已经建立了一个完整的人际关系网，你就可能是蜘蛛，反之，则是驴子。驴子和蜘蛛的命运差距这么大，就是因为驴子只能依靠自身力量，而蜘蛛善于借助外延力量。一个人本身的力量是有限的，而外延力量是无限的，一个善于借助外延力量的人，生活起来才会轻松。

　　那么人应该如何扩大自己的外延力量呢？办法只有一个：织网。织一张人际关系网，可以完成靠个人力量无法完成的活动，可以办成靠个人力量无法办成的事。

其实，结交朋友并不难，拓展关系是每个人所必需的，并不是政治家或金融家的专利品，而且如果渴望拓展关系，在我们周围，就有不少人选待你去结交。

拓展关系要有结交意识，要认识到关系是办事的一种资源，它需要我们不断地经营。下面是拓展"关系"要注意的事项。

1．晴天留人情，雨天好借伞。

建立"关系"最基本的原则就是：不要与人失去联络。不要等到有麻烦时才想到别人，"关系"就像一把刀，常常磨才不会钝。若是半年以上不联系，你可能已经失去这位朋友了。

此外，订立可以变通的目标，试着每天打五到十个电话，不但要扩张自己的"人缘"，还要维系旧情谊。如果一天打十个电话，一个星期就有50个，一个月下来，更可达到200个。平均一下，你的人际网络每个月大概都可多十几个"有力人士"为你打通关节。

2．拉关系要找窍门。

大人物虽不好找，但并不表示绝对无法接近。不必浪费时间在上班时间打电话给他们，这些人不是在开会就是电话中，或是出外办事了。

要利用空当，"拉关系"的高手认为傍晚六点以后是与这些大人物接触的"黄金时刻"。秘书、助理等大概都走了，只剩下一些工作狂还舍不得走，希望自己的"埋头苦干"能给老板留下深刻的印象。此时是联络这些"贵人"最适当的时机。在这宁静的片刻，他们不是在做自己的事，就是在拓展自己的"关系"网络。

乐观一点，不要以为位高权重者都是高不可攀的人物。只要抓住窍门和时机，就能联络到每一个人。大凡有能力有地位的人几乎都有层层的关卡保护，若能突破这些障碍，剩下的就不难了。例如每个大公司都有门卫，设法找到他们，跟他们拉拉"关系"，他们就能告诉你通往老板办公室的"秘密通道"。

3. "关系"无处不在。

街上、饭店大厅、火车上、公共汽车站、舞会、亲友聚会，处处都有不少最新情报。跟人谈上一两个小时，一定可以学到一点东西。出差、旅行也是拓展"关系"的好机会。

4. 记录下你所有的"关系"。

像写日记一样，数十年如一日，如果有恒心、纪律、持续力行，一定成绩斐然。如果你很认真地在增进自己的"关系"，认识的人一定不少。要追踪成果，不妨记录每一次联系的情形。在记忆犹新的时候就要赶紧写下，等到日后再来补记，效果就大打折扣了。

可记录的要点包括：姓名、地址、电话号码、你的看法以及日后联络之道，记录得越详细越好。

5. 拉关系是慢功夫。

拓展"关系"，若是盲目地向前冲，只有使人离你愈来愈远。你的积极进取在别人眼里可能是"不择手段"、"没头没脑"的。在最糟的情形下，可能使我们想亲近的人纷纷躲避。

俗话说，"上山擒虎易，开口求人难"，人不是万能的，常常需要求人办事，然而，事办不办得成就要看你是否有好人缘了。因此，平时我们要尽量多交结一些高朋益友，这样办事的时候自然就会有人帮你了。

做事先得有人缘

小郭和小毛一同进入某单位，当时两人都还是毛头小伙子，各方面都差不多。但十年后，情况就大不一样了：小毛还是小毛，每天还在单位里混日子；小郭却成了单位里的骨干。十年里，他参加单位组织的技巧培训，获得了领导的多次表场……单位里的同事每天都在夸小郭人缘好，办事能力强，小毛却被大家当作可有可无的闲人扔在一边，小毛实在不明白，自己到底和小郭差在哪里？还是旁观者清，小毛的妻子这些年倒看得很明白：自己的丈夫差就差在没有好人缘。

中国的历史传统造就了办事讲人情、重关系的习惯，一个人在社会上的办事能力和水平，往往直接反映出了这个人人缘的好坏，小毛之所以不受重视，不会办事就是因为他缺乏好人缘。你要正视它、研究它，努力为自己赢得一个好人缘。

在人际交往中，谁都想给他人留下一个好印象，有个好人缘。

因为办事讲人缘，成功靠人缘。没有好的人缘，不知要失去多少成功的机会，干多少事倍功半的事情。如果说人际关系是成功的普遍法则，那么这一点在中国更为重要。

缘是一根无形的磁力线，彼此的情全赖缘才得以相通。连结人缘，必有主动的一方，你取得主动的地位，你就有了联缘的方法，别人的情就会向你播撒，有了大家对你的好人缘，人人愿意被你所用，你才成为无往而不得，所求无不遂的会办事儿能办事儿的人。

然而，人缘的好坏不是一日之功，怎样才能赢得一个好人缘呢？

1. 对人以诚相待。

与他人交往要以诚相待，虚伪、表里不一的行为只会被人疏远。诚实是你赢得好人缘的第一原则。

诸葛亮高卧隆中，自比管乐，抱膝长吟，略无意于当世，他与刘备原是素昧平生，谈不上有什么私人友谊，刘备也知道诸葛亮是杰出人才，一心想收为己用。刘备是中山靖王之后，汉室的子孙，希望利用人心尚未忘汉的机会成就大业，于是亲自去访问诸葛亮，一连去了三次，才得相见，这种行径，十足表示了他的诚挚。诸葛亮无意于当世，原是找不到合意的主子，亲见刘备有重建汉室雄图，对他又万分诚挚，才认为他是合意的主子，便放弃高卧隆中的想法，以身相许，虽几经挫折，却不灰心，到后来竟以"鞠躬尽瘁，死而后已"报效。可见诚挚动人之深。

千万不要对别人使用欺骗手段，人无诚不信、无信不诚，你要诚，必先要修身，修身乃能立信，立信乃能行诚。因此，劝诫欲求人者，一生不要欺骗别人，免得同事对你抱有成见而发生不必要的怀疑。

"女也不爽，士贰其行，士也罔极，二三其德。"对配偶的粗心，还会遭到怨恨，何况是朋友呢！你应该增加你的诚，直到足以打动对方的心为止，任何事都要"反求诸已"，不必"求诸于人"。这是用诚挚去感动他人的唯一方法。

2. 对人守信用。

许多人都有过这样的经验：与好友约定相见，老是迟到；但和客户谈生意时，却一定比对方早到。这样的人总认为彼此既是好友，守不守时无所谓，而纵容自己的疏失。实际上，这样做只会失去朋友的信赖，友谊肯定会因此而逐渐疏淡。因此，赢得好人缘的又一条原则就是始终保持守信用的美德。

不论公事或私人的约会，不遵守约定日期或时间，对方基于友情不会露骨地表示不满，但在心中定会感到不悦。如果只限于此，倒还是幸运的事，担心的是因此视你为没有修养的人而不愿继续深交。

不守信用的人，往往会被视为一个连交往中最起码的道德都不遵守的人。对于那些平时负责任的人，他们认为对方也该如此，所以会拒绝言行不一致的毛病，这在与人交往上是非常有利的。

3. 说话不要得罪人。

说话把握分寸，别得罪人，是一个人获得好人缘的第一准则。不去提及他人平日认为弱点的地方，才是待人应有的礼仪。尤其是躯体上的缺陷，本人几乎没有任何责任，同时也是事出无奈，所以千万别用侮辱性的言语，攻击他人身上的缺陷。

可是，生活中有些人盛怒时往往忘了自身形象，忘了失去人缘可能会对自己带来的损害。平日相当友善的同伴，不至于和你反目成仇，但日后你再找他办事，可能就不灵了。如果你也是经商人士的话，得罪人"就是代表对方的拒绝往来或"关系冻结"。

4. 广交朋友。

靠个人力量以求发展，则发展有限，多与各方朋友结缘，则发展的后劲没有止境。一个人可以有好几种投资，对于事业的投资，是买股票；对于人缘的投资，是买忠心。买股票所得的资产有限，买忠心所得的资产无限；买股票有时会吃倒账，买忠心始终能把事儿办好；股票是有形资产，忠心则是无形的资产。"纣有人亿万，为亿万心，武王有臣十人，惟一心。"纣之所以败亡，武王之所以兴周，就在于有没有这份无形资产，"得天下者得其人也；得其人者得其心也，得其心者得其事也。"

5. 千万不要情绪化。

一个太情绪化的人大多会被认为是神经质，这种人易给人造成一种不合群的感觉，人缘也便随之而去，只有言谈举止始终保持常态，在公开场合上随圆就方，才会在社会上取获得别人的认同。这种随圆就方，是赢得好人缘的又一个原则。

我们平时所遇到的事情或大或小，或间接或直接，其中涉及原则的事本没有多少，在一些无关痛痒的小事上犯不上与人斤斤计较，特别是感情用事。比如单位里某个同事就萨达姆的好坏谈了一种观点，虽然他的观点过于偏颇，你也没有必要情绪激昂地去与之辩出个胜负来，因为一句话两句话伤了感情，实在没什么必要。

6. 别盲目炫耀自己。

生活中，要注意谦虚待人，不要把自己的长处常常挂在嘴边，老在别人前炫耀自己的成绩。如果一有机会就说自己的长处，无形之中就贬低了别人，抬高了自己，结果反被人看不起。切忌夸夸其谈。有人在与别人交往中，为了显示自己"能说会道"，便喋喋不休、没完没了地长篇大论，这种人会给人以不够稳重的印象。

力避憨言直语，用词要委婉，要融汇各方意见，不要只凭自己的主观愿望，说出不近人情的话，否则是得不到别人的好感和赞同的。只有言辞婉转贴切，才有利于融洽感情，给人留下难忘的印象。

人要在社会上办成事，就离不开好人缘。人缘好的人在社会上形象就好，社会评价也高，托人办事也容易得到理解、支持和帮助，因此我们要坚持以上几点原则，为自己在社会上建立好人缘。

攀交情要讲究方法

怎样攀交情才能有效果呢？

1. 迂回包抄，功到自然成。

求人办事，当条件还不大成熟时，你可以采取迂回包抄的战术，先赢得他身边权威人士的同情或帮助，再借机对他加以影响，这样往往能取得意想不到的效果。

所谓权威人士，不见得都是坐交椅的尊神，但他们往往具有正式的身份，是能影响关键人物的决策的。

宋朝的蔡京就深懂曲径通幽之术，他一度罢相后谋求复出，就是请宋徽宗身边的那些权威人士帮忙的。

他先让党羽在皇帝面前为自己叫屈，说改变法度是秉承上意而为，不是独断专行；又用重金笼络了宋徽宗的宠妃郑娘娘，让郑娘娘吹枕边风，讲自己的好话，让徽宗回心转意；最后善谈的好友郑居中出马伺机进言，终于使皇帝下定决心，第二次起用蔡京为相。

所以，你在求人办事的时候，千万不可对所求人旁边的人视而不见，他们在很大程度上关系到你的事情的成败。所以，你要认真对待他们的子女、他们的妻子、他们的母亲、他们的故交旧友等，以便在必要时让他们助你一臂之力。

2. 知己知彼好求人。

攀交情的奥妙在于选准你要攀交情的对象，你只有和他拉上关系，才能背靠大树好乘凉，把想办的事办成。所以，你就要尽量多了解他的为人、身世和关系户。只有熟悉了这些背景，你才能山不转水转、石不转路转，通过关系去和他结识。必要的时候，还要靠他的同学，他的亲戚朋友去为你说情。所以，攀交情的实质在于"上网"，就是要钻到你要求的人的社会关系网里去，知己知彼，这样才能为取胜奠定基础。

3. 投其所好套近乎。

通过了解，掌握了你所要攀交情对象的兴趣爱好，这个时候，你就有了由头和借口，就很容易和对方缩短距离。有个人喜欢书法，尤其喜欢收藏盛唐时期的碑拓。别人想求他办事，于是专门找了一幅早年的碑拓去请他鉴赏。自报过家门后，把拐了几个弯的关系一讲，那人还是一脸的冷漠，于是他马上转换话题，盛赞这人是盛唐碑拓的鉴定行家，他有一幅碑拓，想请这人鉴定一下，从而辨别真伪。这时，这人的脸色马上温暖如春。这个人展开了他的拓片，两人一边看一边聊，谈得十分投机，临行前，他见那位领导喜不释手，就以碑拓相赠，并顺便麻烦他一件小事，于是便大功告成了。

4. 察言观色，相机而动。

当今社会，能被人攀交情的人，大多具有相当的能量，因而在他的周围会形成一个曲意逢迎的竞争圈子，你要在这个圈子中生存，并达到自己的目的，就要讲究一些策略，动用一些手腕，察言观色、听风看雨，一旦有好风，你就可以借力成为攀交情对象的心腹，那你还有什么事办不成呢？

朋友是你一生用不尽的财富

姚东是个典型的成功人士,家有名车、别墅,有自己的公司,可他常说自己最大的财富并不是这些东西,而是围绕在身边的朋友。在这个竞争日益激烈的社会里,单枪匹马是寸步难行的,只有广结人缘,多结交朋友,才能走上成功之路。因此,姚东广交天下良朋,而且对每一段友谊都十分珍视,朋友有困难时他总是全力以赴,对朋友无论高低贵贱,一律一视同仁。结果他的朋友越聚越多,他的生意也越来越红火,只要是他想做的事情很少有做不成的,这都要归功于他有那么多的好朋友。

姚东因为珍视朋友而得到了一个坚实的靠山,朋友成了他永远的财富。生活中,我们每个人也应该努力为自己寻找朋友,把朋友当作靠山,让我们的人生变得更加丰富多彩,更加成功。

一个真正的朋友,在思想上会与你接近,也能够理解你的志趣,了解你的优势和弱点。他会鼓励你全力以赴地做好每一件正当的事,消除你做任何坏事的不良念头。为你增加无穷的能量与勇气,让你以"不达成功决不罢休"的精神,积极地度过每一天。

一个见识过人、能力很强的人,即使目前看上去已经事业有成,如果没有几个真正的朋友,那就不能称得上是成功。因为"一个人是否成功很大程度上取决于他择友是否成功"。朋友的力量是你永远的财富;而失去了朋友的人生则会变得黯淡无光,找不到生活的希望和乐趣。

杰克·伦敦的童年是贫穷而不幸的。14岁那年,他借钱买了一条小船,开始偷捕牡蛎。可是,不久之后就被水上巡逻队抓住,被罚去做劳工。杰克·伦敦找机会逃了出来，从此便走上了流浪水手的道路。

两年以后，杰克·伦敦随着亲戚一起来到阿拉斯加，加入到淘金者的队伍。在淘金过程中，他结识了不少朋友。他这些朋友中三教九流什么人都有，而大多数是美国的劳苦人民，虽然生活困苦。但是在他们的言行举止中充满了生存的活力。

杰克·伦敦的朋友中有一位叫坎里南的中年人，他来自芝加哥，他的辛酸历史可以写成一部厚厚的书。杰克·伦敦听他的故事经常潜然泪下，而这更加坚定了杰克·伦敦心中的一个目标：写淘金者的生活。

在坎里南的帮助下，杰克·伦敦利用休息的时间看书、学习。1899年，23岁的杰克·伦敦写出了处女作《给猎人》，接着又出版了小说集《狼之子》。这些作品都是以淘金工人的辛酸生活为主题的，因此，赢得了广大中下层人士的喜爱。

杰克·伦敦渐渐走上了成功的道路，他著作的畅销也给他带来了巨额的财富。

刚开始的时候，杰克·伦敦并没有忘记与他同甘苦共患难的淘金工人们，正是他们的生活给了他灵感与素材。他经常去看望他的穷朋友们，一起聊天，一起喝酒，回忆以往的岁月。

但是后来，杰克·伦敦的钱越来越多，他对于钱也越来越看重。他甚至公开声明他只是为了钱才写作。他开始过起豪华奢侈的生活，而且大肆地挥霍。与此同时，他也渐渐地忘记了那些穷朋友们。

有一次，坎里南来芝加哥看望杰克·伦敦，可杰克·伦敦只是忙于应酬各式各样的聚会、酒宴和修建他的别墅，对坎里南不理不睬，一个星期中坎里南只见了他两面。

坎里南头也不回地走了。同时，杰克·伦敦的淘金朋友们也永远地从他的身边离开了。离开了生活，离开了写作的源泉，杰克·伦敦的思维日渐枯竭，他再也写不出一部像样的著作了。于是，1916年11月22日，处于精神崩溃边缘和金钱危机中的杰克·伦敦在自己的寓所里结束了生命。

一位作家说过这样的话："谁也无法单枪匹马在社会的竞技场上赢得胜利、获得成功。换句话说，他只有在朋友的帮助和拥护下，才不至于失败。"杰克·伦敦就是因为抛弃了朋友，才落了个悲惨的下场。

社会中有许多靠着朋友的力量而成功的人，如果能把他们的成功过程一一研究，你会发现朋友是一笔多么巨大的财富。

和朋友在一起不但可以陶冶你的性情，提高人格，还可以随时在各方面给你带来帮助。而且，你的朋友往往还会给你介绍许多使你感兴趣、获得益处的其他朋友。在社会上，你的朋友又能随时帮助你、提携你，能把你介绍到本会被拒绝的地方。这些朋友都是诚心诚意的，无论是对于你的生意，还是你的职业都到处替你做宣传，告诉他们的朋友说，你最近又出了什么书；或者说你的外科手术很高明；或者告诉别人，说你是水平极高的大律师，最近又赢了一场官司；或者说你有许多先进的发明；或者说你的业务非常棒。总而言之，真挚的友人没有一个不肯帮你、不肯鼓励你的。

如果你知道有人信任你，那是一种极大的快乐，能使你的自信心得到格外的增强。如果那些朋友们——特别是已经成功的朋友们——一点都不怀疑你，一点都不轻视你并能绝对地信任你，他们认为你的才能完全是能够成功的，完全是可创下一番有声有色的事业的，那么，这对你来说不啻于一剂激励你奋发有为的滋补药。

许多胸怀大志者在惊涛骇浪中挣扎、在恶劣的环境中奋斗，希望获得一点立足之地时，倘若他们突然知道有许多朋友恳切地期待着他们的成功，那么这个时候，他们将变得更有勇气、更有力量。

中国有句俗语"在家靠父母，出门靠朋友"，多一个朋友就多了几分能量和智慧，也多了几分帮你分担痛苦、分享快乐的源动力，你的朋友是你一生也用不尽的财富。

交际之前可先进行"背景调查"

美国民主党员罗斯福在奥马哈的一次筵席上发现有很多自己并不认识的共和党人。

很明显，这些共和党人认识罗斯福，但由于之前他们并无什么交情，所以他们之间只做着礼节性的应酬。但在筵席结束之前，罗斯福想对每个共和党成员都表示自己至诚的好感。当时，刚从非洲回国的罗斯福正为1912年的选举做准备，在他看来，这是一项展现自己魅力与风度的绝好机会。

他已经有了充分的准备来应对这些在筵席上与他素不相识的人。他准备了一个计划，可这一计划的实施必须由一个简单的问题展开。

当时，罗斯瓦特博士就坐在罗斯福身边，他回忆说："在彼此互相介绍之后，罗斯福悄悄凑近我耳边对我说：'罗斯瓦特，你说一下我对面的这些人的大致情况。'于是，我向他简单说了一下那些人的性格特点。"

接下来，罗斯福就开始着手"进攻"这些陌生人了。对于他来说，这太容易不过了，因为他已经知道了对方的情况，明白每个人所自负和自傲的东西，有何特殊嗜好等等。所以，从这件事我们就可以看出，为什么罗斯福会被人称为"私人交际天才"了。接着，罗斯瓦特博士又回忆到："了解了这些人的背景之后，罗斯福马上就掌握了和在座的每位共和党人谈话的尺度与资料。"

为了应对这些陌生人，他一遍又一遍地打听有关他们的细节。这样，他才能调起这些人的胃口，这些人也认为罗斯福对他们有着浓厚的兴趣。通过这种策略，罗斯福满足了宴会上的每一个人。散席后，罗斯福也成功地赢得了他们的好感。

罗斯福十分擅长运用这种策略，在他做了总统以后，著名新闻记者马可森也说过："他早在一个人来拜见他之前就已经掌握了关于这个人所有的资料……人们多多少少都会有点虚荣心，所以，让人们觉得你对他所有的事都有着浓厚的兴趣，而且把这些事真正地放在心上也就是对于人们的这种虚荣心的最合适、最有效的恭维。"

罗斯福真诚地尊重那些与他人息息相关的事情，以及他们所特别关注的事情。于是，他就运用这样一个再简单不过的方法满足了所有他想赢得其好感的人的心。

大人物通常都会运用的最重要的策略就是：世界上没有两片相同的树叶，也没有完全相同的两个人。每个人都是与众不同的，所以交际之前进行"背景调查"，了解对方的基本情况，有助于我们在交际中赢得主动权。

大人物们都懂得这样一个事实：每个人的个人兴趣是人与人之间最明显的区别。既然这样，如果能有效利用这种差别的话，就会取得事半功倍的效果。因为，如果想了解一个人，就得先掌握与之有关的各种资料，比如这个人生活中的人和事，他曾说过、想过、做过的主要的事，他的习惯、嗜好，以及他对某些问题的看法等等。这些都是你应该了解和掌握的。这种策略的关键之处在于：从外围着手，在攻入本垒之前，先了解堡垒的周边环境，以做到胸有成竹。有了这样稳固的基础，在你要逐步接近堡垒时，才能做到游刃有余，准确地抓住对方所想，轻而易举地得到自己想要的结果。

一位优秀的销售人员就曾把这种人们赖以生活、活动的个人能力称为"私人乐园"，这是很高明的。

能在人际交往中顺利地进入他人的"私人乐园"是大人物取得成功的重要原因。加利在初任美国钢铁公司总经理时，就面临着一个很大的麻烦——他的同事对他并不太欢迎，也没有几个人支持他，所以，他的工作很难做。

加利的一个熟人说："一次，他对我说，在他刚做钢铁公司总经理之时，很多同事都不太认同他。他必须改变这种状况，而想要有所改变，就得先从他们为何不欢迎他下手，还得努力与他们交朋友，之后，才能获得他们的认同，从而改善自己困窘的境地。"

我们来看看加利是怎样处理这一问题从而结交朋友的。

这位著名的工业领袖是用了什么方法解决了这个难题的呢？

史可特是西北大学的校长，著名的心理学家，他曾说过："加利常在他给下属写有关业务的信件中夹杂点私人话题。他常在信里写几句收信人最感兴趣的事，或谈及收信人的特殊才能，收信人的家人和朋友，或顺便提起他们上次见面的愉快情形等等。于是，没过多长时间，几乎所有的同事都开始拥戴加利了。"

其实，这种让他人感觉到你的关注的方法是十分简单的，但简单的方法却往往会带来让人意想不到的结果。

善于选择自己的靠山

为自己寻求贵人的帮助，是成功的一条必要途径。然而，我们该如何寻找贵人呢？最重要的一点，就是要看哪些人可能成为我们的贵人，然后重点投资和这些人的关系。

刚开始，胡雪岩准备投资收复杭州的蒋益澧，因为蒋益澧收复杭州以后便坐镇杭州，成为杭州的"当家人"。与蒋益澧见面后，胡雪岩觉得这个人为人倒还憨厚，如果结交得深了，将来言听计从、亲如手足。但是在谒见左宗棠的路上，胡雪岩与蒋益澧的属下以及表侄何都司的一番交谈，使胡雪岩改变了主意。

离左宗棠大营不远时，胡雪岩和何都司在一起对酌，胡雪岩听何都司谈论左宗棠。

"我们这位大帅，什么都好，就是脾气不好。不过，他发脾气的时候，你不能怕，越怕越糟糕。"何都司说。

"这是吃硬不吃软的脾气。"胡雪岩说，"这样的人，反而好相处。"

"是的。可也不能硬与他对着说！最好是不理他，听他骂完、说完，再讲自己的道理，他就另眼相看了。"

胡雪岩觉得这两句话受益匪浅，便举杯相敬，同时问道："老兄，你跟蒋方伯多少年了？"

"我们至亲，我一直跟他。"

"我有句冒昧的话要请教，左大帅对蒋方伯怎么样？是不是当他是自己的替手？"胡雪岩问道。

"不见得！"何都司答说，"左大帅是何等样人？他当自己是诸葛亮，哪个能替代他？"

这两句闲谈，在旁人听来无关紧要，但对胡雪岩来说，却不亚于一道惊雷。他猛然意识到，投资蒋益澧为自己新的官场靠山并不妥。显然，左宗棠对蒋益澧，不可能像何桂清对王有龄那样，提携唯恐不力。胡雪岩原先以为左宗棠会力保蒋益澧做浙江巡抚，而朝廷原定的浙江巡抚曾国藩的弟弟曾国荃将另有安排。现在看来，完全不是这样。因为从蒋益澧本身的能力来看，实在还不够格当一省的巡抚。于是，胡雪岩打定主意，今后自己寻找靠山，只有死心塌地跟着左宗棠才行。

就这样，胡雪岩为自己重整旗鼓、重新选择，从投资蒋益澧到投资左宗棠。后来的事实证明，胡雪岩的选择是明智的。

选择靠山，其实就是在选择你个人的机遇，你必须选择那些对你最有用的人，才能使自己获得成功。有的人可以助你逢凶化吉，事业兴旺发达。如果胡雪岩选择了蒋益澧而放弃了左宗棠，那么他是不可能取得后来的成功的。

善于选择那些对自己最有帮助的贵人，其实就是在为自己创造发达的机遇。

与老朋友讲交情的艺术

韩冬人到中年了却下了岗，这可把他愁坏了，儿子明年就要考大学，只靠妻子那点工资怎么供得起儿子呢？何况他现在已经不年轻了，再找工作也不容易。看着丈夫消沉的样子，妻子倒给他想出了个主意："哎，我问你，你不是说你有个姓李的'发小'在建筑公司当老板吗？你找找他，怎么还不混个工作！"韩冬却有点犹豫："唉，人家现在是大老板了，出入坐奔驰，哪还能认识我，再说我们十来年没联系了，有事找上门去谁帮你呀！"但妻子却觉得这事可行，韩冬只好去求李某了。一进门，韩冬就觉得很尴尬，李某倒还算客气，让自己的小儿子出来叫叔叔。看着李某十来岁的儿子，韩冬感慨地说："时间过得真快啊，一晃二十多年过去了，咱们像他这么大的时候天天在胡同口堆沙子，想起来就像是昨天的事情！"李某也叹了口气，跟着点点头，然后他诚恳地看韩冬说："冬子，咱们虽然很多年没见了，可小时候的情分却忘不了，我知道你不会无缘无故上门的，有什么事你就说吧，能帮上忙我绝无二话。"韩冬把自己的难处说了一下。李某点点头，"这样吧，你先回去等信，我尽快给你回话！"第二天，韩冬就接到了李某的电话，"冬子，过来吧，给你安排了个办公室的工作，先凑合干着，月薪两千三！"

韩冬和老朋友有了很大的距离，也很多年没见了，但看在往日的情分上，老朋友还是帮他办了事。现实生活中，我们也常遇到这样的情况：你的朋友富贵发达了，有意或无意地疏远了你，而这时你却偏偏迫于无奈要求他帮忙办事。很多人觉得张不开嘴，其实这是错误的想法。因为求这样的朋友要比求陌生人容易得多，至少你们有过交情。

那么，怎样跟发达了的老朋友打交道呢，下面介绍几种技巧。

1. 以情感人聊过去。

因为回忆过去，就唤起了对方沉睡多年的交情，这交情才是对方肯为你办事的基础。当然，回忆过去，闲聊往事，也有个妥当不妥当的问题。当年朱元璋当上了皇帝后，先后有两个少时旧友来找他求官做，一个说了直话，引起了他出身的尴尬，被杀了头；而另一个说话委婉、隐讳的朋友被朱元璋授以高官。

与朋友及家人闲聊过去，如果是当着他的孩子和老婆，也要尽量少去提及对方的尴尬事，这样可能会损害对方在家庭中的权威，引起对方对你的反感，而达不到办事目的。

2. 以言相激扭转败局。

长时间没有来往，突然登门，对方便心知肚明你有事要求于他。他若不愿帮忙，一进门就显得非常冷淡。当你把事提出的时候，他会表现出含含糊糊的拒绝态度。这时，你就得把"死马当成活马医了"。"以言相激"不失为一种扭转对方态度、继续深入的好方法。

比如，你可以说："我知道你能帮我，我才来找你的，否则，我也不能大老远的跑到你这里来。""我想你有能力帮我，再说这事也不是什么违背原则的事。"

当然，以言相激也必须掌握分寸，若是对方真的无能力办此事，我们也不能太苛求人家，让人家为难，不能说出绝情绝义的话，伤害对方。只有你了解了对方确实有"多一事不如少一事"的心态时，才可以以言相激，逼他去办。

如果他真的帮你去办事，不管办成没办成，事后，你都应该说个道谢的话，这样会显得你有情有义。

3. 诱之以利谈合作。

如果把事办成的难度大，或者对方是一个见钱眼开的人，即使帮你办成，也会留下一个天大的人情。这样，你不妨以合作的态度去找他，对他诱之以利。

如果你把实情道出，说这是自己的事，事成之后，给他多少多少好处，对方可能会碍于旧交之面不好接受。所以，你可以撒一个小谎，说这事是别人托你办的，事后可以怎么怎么样，这样，对方就会很坦然地接受，你也可以显得不卑不亢，事后也避免留下还不完的人情债。

一些"得道"的朋友，似乎看起来高不可攀。然而，他们也是你宝贵的人际资源，所以，要提醒自己，放下架子，厚起脸皮，多同这类朋友拉拉关系，也许就是因为一个偶然的机会，你的事就被顺利办妥了。

晴天留人情，雨天才好借伞

我们知道要得到贵人的帮助，就要与他建立良好的关系，但与贵人建立关系却不是一朝一夕就能做到的，必须经常保持联系。有事没事打个电话或者登门拜访，都能让你们"日久生情"。

平时要不断寻找机会与贵人沟通交流，哪怕你现在没有事情求助于人，也要经常进行情感投资，巩固你们的关系。

法国有一本名叫《小政治家必备》的书。书中教导那些有心在仕途上有所作为的人，必须起码搜集20个将来最有可能做总理的人的资料，对他们的兴趣、好恶、性格都得一一记在心。然后有规律地、按时去拜访这些人，和他们保持较好的关系。

这种手法看起来不大高明，但是非常合乎现实。一本政治家的回忆录中提到：一位被委任组阁的人受命伊始，心情很是焦虑。因为一个政府的内阁起码有七八名阁员（部长级），如何去物色这么多的人来适合自己？这的确是一件难事，因为被选的人除了有适当的才能、经验之外，最要紧的一点，就是"和自己有些交情"。要和别人有交情才容易得人赏识，不然的话任你有天大的本事，别人也不知道。

A先生曾担任某公司总经理，每年年底，礼物、贺卡就像雪片一般飞来。可是当他退职离休之后，所收的礼物只有一两件，贺年卡一张也没有收到。以往访客往来不绝，而这一年却寥寥无几，正在他心情寂寞的时候，以前的一位下属带着礼物来看他。在他任职期间，并不很重视这位职员，可是来拜访的竟是这个人，不觉使他感动得热泪盈眶。

过了两三年后，A先生被原来的公司返聘为顾问，很自然地就重用提拔了这位职员。

与贵人没事也要常联系，否则，当你哪天需要贵人帮助的时候，再去"临时抱佛脚"，关键时刻找不到人可就悔之晚矣。晴天留人情，雨天才好借伞。对贵人多做一些感情投资你绝对不会吃亏。

让老板成为你的贵人

王熙在一家集团公司的公共部门担任经理助理，他工作的经验和专业知识都非常丰富。在公司的一次人事变动中，公司调来了一位新老板。新老板在人事部门干了三年，成绩斐然，似乎公司准备重用他。

王熙发现调来的新老板在专业知识上非常欠缺，在与外商进行谈判时缺乏应有的知识，在上任的头几天便出了很多洋相。

一天，公司需要接待一位来访的外商，新老板为了表现出足够的重视，决定亲自布置接待场所。王熙发现老板并不知道应该怎样布置鲜花和装饰品，于是，他对新老板说："老板，这些小事，你根本无需亲自来做，由我代劳吧。"新老板同意了王熙的提议。结果，这次接待活动搞得非常成功。

事后，王熙在与新老板的闲聊中，有意无意地让老板明白各国人的禁忌和偏好，其中还穿插着一些笑话，使这位老板学到了不少专业知识。

一年后，他的老板被提升为集团的副总裁，他指定王熙接替了他的经理职务。

王熙可以称得上是一个智慧型的下属，他除了做好本职工作外，还主动出谋划策，给老板提供帮助，成功地把老板变成了提拔他的贵人。与老板的关系，对于每个人来说都是非常重要的。如果你能拉近与老板的关系，把老板变成你的贵人，那么你就能得到老板更多的帮助和眷顾，这对你的个人发展无疑是非常有益的。

那么，怎样做才能把老板变成贵人呢？

1. 充分领会老板的意图。为了充分领会老板的意图，当接受老板的指示或者嘱咐的时候，应该问得尽可能清楚一些。不要畏惧，应该以探讨式、带有商量性的口吻，把老板的意图真正领悟透彻。不要老板简单地说了几句，就以为自己完全理解了。写一份报告、出席一次会议、完成一项任务，老板总会有一定的意图和目的。首先，应该明白这项工作在整个工作中处于什么地位；其次，应该了解老板处于怎样的需求和心理状态；最后，应该根据老板的一贯作风和思想来加以完整的理解。

2. 要向老板表明你的忠心。每个老板都喜欢对自己忠心耿耿的员工，所以，你要抓住机会，随时随地向他表明自己的忠心。

比如，听到公司有小道消息流传，不妨悄悄地告诉老板，以表示自己的忠心。要特别注意自己的措辞和表达方式，言语要简明、直接，比如，可以这样说："不知你有没有听到这个消息，不过，我想应该跟您说一下……"

所有的言行都是为了向老板表明：我是你的朋友，我会极力地支持你。老板会把这份忠心记在心中，对你产生好感。

3. 避免与老板发生正面冲突。若与老板发生了正面冲突，最终吃亏的肯定是自己。更加不要当众与老板争得面红耳赤，因为那样会使矛盾升级。毕竟对方是老板，当面顶撞会让他因面子而恼羞成怒。应该知道：你只能试着改变自己，因为要老板改变几乎是不可能的。

4. 关键时刻能替上司卖力。正所谓，患难见真情。在关键时刻，为老板出力，老板才会更加认识和欣赏你，会认为你是忠诚的。人生的机会可遇不可求，绝对不要错过千载难逢的、可以表现自己的大好机会。当某项工作陷入困境时，如果你能挺身而出，肯定能赢得老板更多的赏识；尤其当老板深陷泥潭时，你若能妙语安慰，甚至伸手拉他一把，老板一定会满怀感激。

5. 适时地为老板说好话。对老板的是非千万不要评论，更不要在背后议论。当别人说老板闲话的时候，应该主动地为其辩护，应该提醒那些批评者：别忘了老板的优点。只有在相互尊重的氛围下，建设性的意见才能产生。若自己也是抱怨者中的一员，首先应该检讨一下自己。通过自我反省，扎扎实实地做好工作。

6. 不与老板争功。美好的东西，大家都喜欢。倘若对自己的事业有相当美好的憧憬，就不要斤斤计较，而应该大大方方地将功劳让给身边的人，特别是自己的老板。与老板争功是不明智的做法，因为这样做了，即使遇到的是一个非常明智的老板，将功劳归于你，但是，他的心里肯定会不舒服，对你的印象当然也好不起来。更何况不是每个老板都是那么明智的。

7．努力使自己的言行与老板一致。要求员工的言行应该让老板满意，而且能够竭尽全能地去帮助他。比如，他与某一客户的关系始终处理不好，你应该尽力使两者之间的关系缓和。另外，要尽量与老板保持工作习惯上的一致。如果老板习惯一边吃午饭一边看文件，那么，你也应该将自己午餐的时间缩短。

不必担心与老板拉关系会惹来非议，这其实是非常正常的人际交往，就像老板需要了解下属一样，下属也同样需要了解老板，拉近与老板的关系。